vibração
ᵉ descompasso

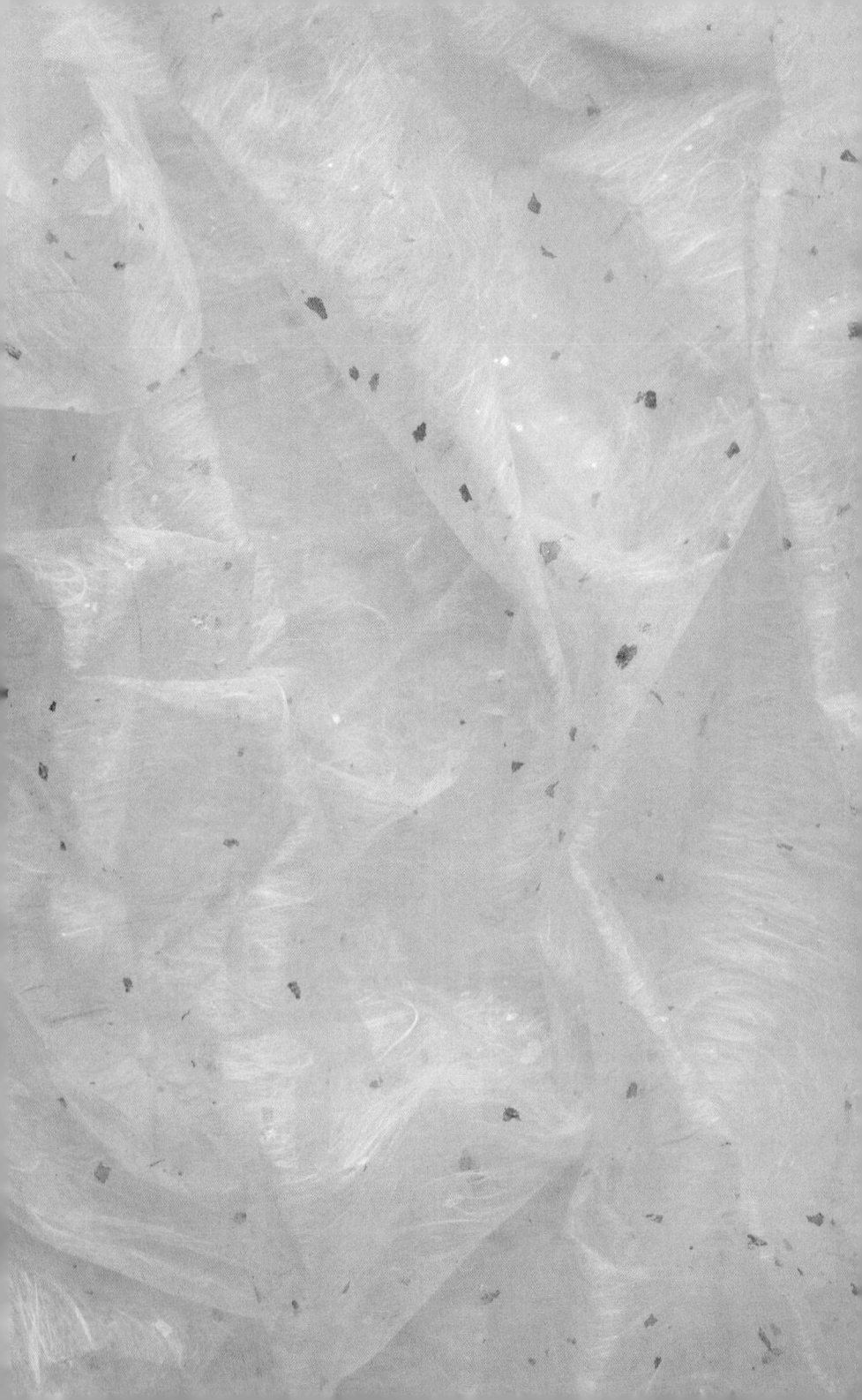

LARANJA ● ORIGINAL

vibração e descompasso

crônicas poéticas de
CLARA BACCARIN

1ª edição | São Paulo, 2017

Prefácio
Josie Conti

Há dois anos tive o privilégio de conhecer o trabalho de Clara Baccarin e publicar suas crônicas no CONTI outra (www.contioutra.com). Em suas palavras, sempre foi possível encontrar a poesia e a simplicidade daqueles poucos que trazem dentro de si uma espécie de sabedoria milenar, aquela que permite ver além do superficial, mas que, ao mesmo tempo, nem sempre propicia o caminho mais simples para a adaptação a um mundo cheio de frivolidades, regras e formalidades vazias.

Clara escreve de forma intimista. Em seus textos são constantes as reflexões sobre seu lugar no mundo, a necessidade de simplicidade, suas prioridades – que muitas vezes não vão ao encontro do que a sociedade demanda. Clara escreve, principalmente, sobre o respeito às "vontades da alma".

Ao leitor, longe do papel de espectador, abre-se o papel de cúmplice reflexivo que também se avalia em jornadas existenciais, por meio das quais nem tudo é bonito e uniforme, as pessoas são de "carne e osso" e refletem sobre a imperfeição não só do outro, mas também sobre as suas próprias. Através de sua escrita, convida seus cúmplices a respeitar o tempo necessário para cada sentimento, chama seu companheiro de caminhada para "degustar a vida" e pede veementemente pelo direito de parar, mesmo quando a vida diz "corra".

Verdade em forma de crônica poética; algo distraída, menina que brinca com palavras, Clara é mulher fortemente intuitiva que nos mostra o que ainda não tínhamos visto.

Ter a oportunidade de ler os textos de Clara Baccarin é ser pioneiro de si mesmo, é gerar erupção do que é mais íntimo, é lidar com suas lavas e mesmo assim ser capaz de emanar pétalas.

Algumas palavras a mais

Rita Gullo

Tenho uma enorme admiração por quem faz poesia. É verdade que, com olhos dispostos, podemos perceber a poesia em tudo. Na vida. Na natureza. Na fumaça. Nas pequenas coisas e nas de todos os outros tamanhos. Nas feias e bonitas. Mas perceber é diferente de fazer. Essas pessoas que conseguem colocar em palavras o sentimento, a emoção, a sensação. É fascinante! Como sintetizar a imensidão?

A Clara sabe fazer isso de uma maneira tão delicada e precisa neste livro de crônicas, com temas pinçados do cotidiano, como se fossem as perguntas sem respostas que nos fazemos o tempo todo. As relações, os vínculos que são criados e desfeitos ou fortalecidos. Aquilo que não é concreto, que não se toca, mas existe. Só aqueles que fazem poesia conseguem pegar o ar.

·

Que saudade eu estava de mim mesma!

Que alegria esse reencontro depois de um longo luto cego. Uma dor sem nome na alma que se esparramava e eu não sabia de onde vinha, nem sabia como voltava para os tempos em que eu era rudimentarmente eu.

Que saudade eu estava de mim mesma! Revivendo-me agora sorrio boba, com as mãos sujas de terra, com a roupa velha escolhida pela minha necessidade de liberdade e movimento.

Que saudade eu estava das minhas mãos na massa do meu próprio destino, construindo histórias e legados. Que saudade do cabelo emaranhado, do sentimento de segurança e importância por ser rainha do meu umbigo e saber comandar um mundo de sonhos, por devagar e sempre e sorridente, galho por galho, pedra por pedra, saber modificar o meu entorno.

Que bonito esse reencontro que quase sem querer propiciei a mim mesma.

Que bom me esquecer dos espelhos, dos jogos, dos rótulos, dos medos. Que bom chorar por não querer parar o dia e pular da cama com vontade de viver. Que bom me vincular às pessoas pelas vontades de alma. Que bom não esperar mais de mim, dos outros, por não querer ser outra.

Que beleza esses meus braços abertos para mim mesma! Celebrando essa redescoberta quase impossível. Me reencontrando na alegria que me permiti nos dias. E dizendo-me: 'bem-vinda! Bem-vinda! Até que enfim voltaste!'

Que saudade, menina, que saudade!

Te abro as portas e janelas, te dou o tempo, as tardes, os sóis, as tempestades... Te deixo solta no seu mundo. Me ensina, me ensina! Porque eu já sabia viver, mas havia me esquecido. Porque eu já existia, mas havia morrido. Me refresque o peito, os olhos, os ouvidos... Renasça alegremente em mim!

Me ajude a existir mesmo que eu não caiba neste mundo, menina.

Que saudade eu estava de ser eu mesma!

•

Minha alma não tem CPF

Me pedem o nome completo, CPF, endereço, salário, estado civil, gênero, nacionalidade, senha do cartão de crédito...

Eu falo, eu completo, eu sigo as instruções de acesso, mas não é isso que sou. Sou o indefinível, o 'não sei', o sentido do momento, o amor, o choro, o nervo. A dúvida, o silêncio e as falas soltas ao vento.

Me perguntam qual a minha profissão, posição política, religião, opinião, plano de vida, minha comida preferida...

E eu sou a paixão pela doçura agora e amanhã o mergulho de cabeça no apimentado. Longe da prisão dos números e dos nomes que me dão, eu sou a liberdade e a imperfeição.

Eu sou a que fica em cima do muro, sentada na encruzilhada, observando as setas dos caminhos e me possibilitando estar um pouco no 'ainda não vou fazer escolha alguma'.

Às vezes eu sou a inação porque nenhum sentido me desperta. Eu fico no limbo, eu fico sem pressa.

Perguntam sobre as minhas verdades e eu sou o medo estampado. Perguntam das minhas grandes conquistas e eu sou o sonho desenraizado.

Por dentro eu sinto esse espaço indefinido, um sem juízo, uma alma sem filtros. Mas a vida de fora é uma coisa que se organiza de tal forma que para dar um passo eu preciso muito mais do que simplesmente existir no espaço. As burocracias me enlaçam.

Engraçado...

Minha alma não tem CPF, meu abraço não tem gênero, meus sentimentos não têm idioma, por vezes nem verbete. Minha motivação de vida não se ampara numa posição, numa profissão. Meu endereço não é sempre o meu lar; meu cartão de crédito diz muito menos sobre mim do que o meu olhar.

E para me conhecer um pouco é melhor tirar os sapatos, acender um cigarro e dizer alto 'imagina se...'

•

Você já tomou chá de cuidado?

Você já tomou café com delicadeza?
E chá de cuidado?
Já comeu uma comida feita de vida?
Já provou um pão de amor?

Café com delicadeza é aquele feito com a água filtrada que acabou de levantar a primeira bolha de fervura. E a gente joga um pouco da água quente na garrafa térmica e nas xícaras antes de começar a coar. Coloca uma quantidade boa de pó no filtro, o suficiente para o café ficar encorpado, mas não muito forte, e mistura uma pitada de canela em pó, ou umas sementinhas de cardamomo; dependendo do dia, é bom olhar pela janela para decidir qual tempero combina.

Então, a gente saboreia sentado na mesa, com toalha posta, olhando nos olhos de uma boa companhia.

Chá de cuidado pode ser feito de camomila, capim-cidreira, casca de romã, folha de oliva, pétalas de rosas... É um chá de empatia, feito por quem sabe ler corações e transformar momentos ao escolher a melhor poção. É um chá com um toque de gengibre quando a gente está com gripe, é um chá de mistura de ervas quando a gente está com o peito apertado e nem sabe bem o porquê. É um chá feito para você, colocado nas suas mãos num dia em que tudo parece sem salvação.

Comida viva é aquela que vem com boa intenção. Feita devagar, feita com atenção, cheia de ingredientes secretos e deliciosos. Um alho fritinho no feijão, um arroz que descansou, uma salada com um molho de balsâmico, azeite e mel. Comida viva é aquela montada no prato de um jeito bonito, é um tomate colhido no quintal, é uma mistura de cores e aromas. Alimenta o corpo e a alma.

Pão de amor é aquele amassado com as próprias mãos, com jeito e carinho. Pão de grãos, mistura de farinhas, uma boa proporção, um fermento bom, e muita paciência e quietude, para que ele tenha tempo de crescer em toda sua possibilidade de amplitude. Pão que descansa e faz meditação. E quando sai do forno começa a espalhar cheiro de felicidade e harmonia. Pão que amacia por dentro e sustenta.

Já reparou que diferença fazem as delicadezas da vida?
Já reparou como temos o poder de mudar os ambientes quando damos um pouco de atenção?
Já reparou como é importante o agir com gratuidade e gratidão?
Colocar um pouquinho de cuidado em cada ação, sem precisar ser dia de aniversário, sem precisar fazer tudo isso por obrigação ou pensando em conseguir algo em troca.

Colocar essas boas intenções no mundo, diariamente, e devagar aprender a amolecer corações.

•

Amor mole em alma dura, tanto bate até que... fura

Baixei a guarda, desarmei o orgulho, passei óleo de peroba na cara e fui à luta: eu vou chover doçura nessa sua armadura de amargura.

Porque eu sei que o amor não é equação de dois iguais, e eu sei que a vida não é sempre uma loteria em que a gente conta com a sorte e com as coincidências, em que dois seres se encontram, se apaixonam, se compreendem, se permitem viver algo num mesmo momento.

A gente se desiguala, a gente se desencontra, a gente se desconhece. Mas a gente pode escolher ter paciência ao invés de abandonar o barco com medo de perder tempo e energia. E a gente pode escolher fazer mudanças por uma delicadeza perseverante e não pela força dos argumentos.

Não te coloco no centro da minha vida, não quero mover oceanos, te convencer de nada, alterar o rumo das marés, te desestabilizar inteiro, gastar toda a minha força e vontade.

Vim aqui sem tecnologia, mecânica, engenharia. A minha arma é o amor e a liberdade.

E assim, sem grandes intenções, vou devagarzinho te jogando gotas de carinho a cada dia. Vou ser invisível como o vento, constante como a onda, sutil como o sol da manhã.

Devagar, eu sei, é assim, vou te tirando umas lasquinhas, um sorriso, um brilho no olhar. Vou amolecendo seu coração. Não para que a gente se funda, mas para que você se abra para a vida.

A minha dança é gratuita, fico feliz de me expressar perto de você ou de quem seja. Sou força transformadora como a água, nasci para desestabilizar conceitos e flexibilizar pensamentos. Mas vou com jeito, porque sei que almas duras tendem a sair correndo com grandes impactos.

Um dia te sopro um segredo no ouvido, no outro te deixo de lado. Não é com fúria, pressa e veemência que se abre uma ostra. É com tempo, carinho e cuidado.

Parece brincadeira, mas já vi por aí pedras de gelo virarem vapor-d'água. E é por isso que eu acredito que amor mole em alma dura tanto bate até que fura.

•

Confissões de uma bruxa

Tudo o que eu sei vem do útero, vem do íntimo.

Confio no meu entendimento sem explicação, na (des)confiança da minha pele, na familiaridade do primeiro olhar.

Tudo o que eu aprendi do mundo foi o que ressoou nos meus universos internos, o que encontrou sentido pelos meus seis sentidos, aquilo que dialogou com a minha capacidade de empatia e começou a fazer parte de mim.

Às vezes quando me pedem explicações: por que esse caminho e não outro? Por que esse afastamento repentino? Por que essa necessidade de limpar a casa? Essa vontade de se entrelaçar com os livros? Essa calma no peito perto de uma árvore? Por que esse arrepio nos pelos quando sopra um cheiro novo de um velho alguém? E essa vontade de fugir das artificialidades que não se deixam mergulhar?

Que filosofia você segue? Que religião? Em que ideias você acredita? Qual é a sua veia psicanalítica? Quais são os seus 'ismos'? Qual é o seu grupo? Quais as regras, as verdades, os preceitos? O que você come, o que você veste? O que você planeja e segue?
Como a ciência prova e explica as suas crenças?

Eu não sei. Como explicar que eu sigo aquilo que quando se aproxima faz bem?

O que excita, vibra, acalma, inquieta, gera, movimenta...
O empírico é a intuição.

Falo da filosofia da minha pele, da minha cultura, das minhas dores e alegrias. Ando pela superfície do sem nome, faço parte dos grupos que não se fecham em suas verdades, dançam entre tribos. Percorro a vida com curiosidade de cigana, com vontade de ouvir e me desconstruir. Por isso a minha ciência é vaporosa, a minha moral é multicolorida, a minha religião é o vento, a minha fé é a intensidade.

Por isso amar pra mim é também compaixão, é sentir sem razão o que me brota em uma união.
Corre solta a eletricidade em quem atravessa universos.

Não é uma tendência o que sigo, um modismo, não veio pronto em um livro, não veio de uma admiração exterior, não veio de uma vontade de compor, de pertencer, de ser amada, de seguir um comportamento que acho bonito, de amenizar o que os outros vão pensar.

É a coragem de soltar-me sem destino.
A minha sabedoria vem da intensidade de sentir os dias e os seus ditos.

Entendemo-nos quando nos damos as mãos e elas continuam atadas por alguns minutos. Quando os nossos olhos sabem, antes dos nossos pensamentos, penetrar em infinitos e o nosso abraço gera mundos e não laços.

Não se leve tão a sério! Ironize-se

Não leve a vida tão a sério que isso pode fazer desandar a massa dos dias.

Pode ser que fique difícil acordar de manhã com a chatice do despertador, pode ser que vire um porre ver a própria expressão sisuda e grave num espelho que não sabe fazer piadas. Pode ser que suportar a própria companhia vire um fardo.

Não leve a vida tão a sério, dê risadas das pequenas tragédias, deboche com coragem, ironize os dramas. Há sempre um lado cômico nesse monte de lama à sua volta. Veja que essa postura ereta, esse nariz empinado, esse andar apressado transformam sua vida num roteiro cinza e fastidioso.

Não se leve tão a sério, se permita brincar, rir da própria cara, com amor, mas com senso de humor. O papel de vítima é fácil, mas é tão manjado, já nem chama mais atenção, se era essa a sua secreta intenção. Antes de reclamar do sapato, tire-o; antes falar mal de tudo e todos, olhe-se; antes de listar tudo que te pesa, dê uma risada alta, sem razão.

Melhor ser um palhaço, explorar as próprias dores como uma piada, melhor contar as próprias desgraças pela veia cômica. Debochar do absurdo de tudo.

Porque a mesma coisa que te fez chorar pode ser um bom assunto para uma mesa de bar. Porque o legal de se ferrar é ter a cara lavada para contar e chocar essa gente parca.

É muito bom vestir as carapuças escancaradamente, e assim, sem querer querendo, convidar as pessoas a despirem as próprias máscaras. O mundo está precisando de gente que explora e expõe isso que é chamado do nosso lado ridículo.

Que esse baile de gala dos sérios é muito sem expressão e causa no mínimo bocejos.

Admiro mesmo o sarcástico, o irônico e o debochado. Quem não passa pela vida ileso.

A gente já sabe falar mal de todo mundo tirando sarro, do governo ao companheiro de trabalho, está na hora de fazer o mesmo consigo mesmo.

E isso não é 'auto-bulling', é tirar o peso. É levar a vida numa leve. Experimente rir de si mesmo. Pode salvar uma alma!

•

Quando você se fecha demais você se protege, inclusive do que é bom!

Já pensou um dia dizer sim para uma proposta que te fizerem e o seu primeiro impulso foi dizer não?

Já pensou que as suas certezas sobre si mesmo, seu orgulho, seus conceitos, podem ser frutos de um ego que joga contra o seu verdadeiro eu?

Há tantas surpresas boas no inesperado, no desconhecido, nos caminhos ainda não trilhados!

Está certo, ser aberto demais tem lá seus riscos, acaba chegando perto da gente de tudo um pouco, chega perto o louco, o chato, o mal-intencionado, mas chega também uma preciosidade de pessoa, uma conversa pra lá de boa, uma ótima companhia para ficar à toa.

Ser fechado te deixa impermeável, centrado e sozinho no seu mundinho redondinho, bem estruturado, com cada cantinho conhecido, sem riscos, sem pecados, sem prejuízos.

Viver fechado te deixa blindado, inclusive para as coisas, pessoas e situações fantásticas que você nem imaginava.

Fechado você segue firme, forte, inabalável, adulto. Não cai em armadilhas, não se abala, não entra em histórias que vão machucar sua alma, não deixa que te façam de bobo, não sofre, não é passado pra trás. Mas também não é passado pra frente!

Não sente, vai endurecendo a visão, a intuição, a empatia, o altruísmo, a paixão.

Ser aberto demais te faz levar uns belos tombos, é verdade, mas também te permite voos inimagináveis. Por vezes, te causa frustração, revolta, decepção, cansaço... Mas também mais maturidade, sabedoria, esperteza, autoconhecimento, entendimento dos próprios limites.

Você aprende a avaliar, a dizer sim e não, a ser doce, mas também sério, a deixar que entrem, mas também pedir por favor para que saiam. A abrir um sorriso e os braços e também derramar lágrimas e andar mais rápido, desapegado.

Aberto você pode aprender a ser membrana semipermeável!

Aberto, você conquista a liberdade de ocupar na vida espaços mais amplos do que a própria zona de conforto. Em outras palavras, se permite viver alto e além dos limites dos seus próprios medos e dos medos que inventaram para você.

Ser um ser hermeticamente fechado (sim, isso é um pleonasmo!) não te faz mais forte, muito pelo contrário, mostra a fraqueza e o comodismo de viver observando o mundo de dentro do seu velho e habitual escafandro. Mostra que você tem mais medo da vida do que desejo por ela, e que você desperdiça preciosíssimas oportunidades.

QUANDO VOCÊ SE FECHA DEMAIS VOCÊ SE PROTEGE, INCLUSIVE DO QUE É BOM!

Você se torna aquela pessoa que prefere observar o mar do lado de fora, sem se atrever a sentir a delícia das ondas te lavando a alma.

Abra-se!

Não posso ficar com quem não queira mergulhar

Hoje eu venho aqui pra te dizer porque eu saí andando e te deixei falando com o vento, te deixei a ver navios: é que enquanto você estava ali tentando entender o preço da viagem eu te dava tchau da proa.

É que eu não posso ficar com quem não queira ver o mar, com quem tem mais problemas para somar do que sábados para se perder. Com quem queira entender e listar os riscos e detalhes da vida antes de se arriscar a viver.

Eu não posso ser a receita de bolo ideal pra você, porque quanto mais eu ando mais eu desando todas as medidas e conceitos e eu às vezes invento de colocar frutas do quintal nesse seu pão de ló quadrado e perfeito.

Eu não posso ficar com quem não queira parar de reclamar e de olhar a vida como um enfadonho fardo, com quem aceita o gosto amargo do destino arruinado na língua. E com quem joga todas as esperanças num bilhete de loteria para ver se o mundo gira e esquece de sentir a brisa do existir agora.

Eu não posso ficar perto de quem mede as possibilidades, a profundidade dos mergulhos, colore os dias com um realismo cinza, gasta tempo fazendo quinhentas planilhas, não perdoa sete erros na mesma pessoa e seleciona os sonhos que mais se enquadram na probabilidade restrita de vingarem.

Eu não posso te fazer olhar pela janela e pintar a vida com aquarela e te dar um beijo em silêncio, num vazio de pensamentos e com os olhos fechados como dois adolescentes que se entregam e sabem se esquecer do mundo.

Então, hoje eu venho aqui te dizer por que eu parti: é porque eu vi que alegrias e encantamentos eu já tenho no olhar e eu prefiro e preciso compartilhar os meus momentos com quem está a fim de cair sem paraquedas aqui dentro. Eu prefiro ficar perto de quem queira ver o mar e se molhar hoje e se esqueça de todas as contas a pagar amanhã.

•

Almas hospedeiras se sustentam da essência alheia

Ela era uma dessas árvores antigas, de galhos retorcidos, firmeza nas raízes, absorvendo essências subterrâneas desconhecidas e trazendo-as para o mundo em forma de seivas, folhas, força nas cascas do tronco e na delicadeza dos galhinhos verdes recém-nascidos.

Era uma árvore autossustentada na poesia de si mesma e nas que pousam em seus galhos que sabem admirar e receber. Ela era circuito de amor, geradora de energia, mãe – dava de comer e beber a tantas outras vidas: insetos, pássaros, orquídeas. Um pouquinho pra cada.

Mas tinha também uma outra existência entrelaçando-se a ela.

Era uma espécie de trepadeira sinuosa que lhe abraçava e circula do chão ao céu, uma planta hospedeira que foi crescendo e existindo nessa relação de dependência. Uma planta que não buscava por si mesma, por sua raiz de essência. Ela sugava a substância que ia fluindo nas veias da grande árvore. A grande árvore, mãe, acolhedora, amparava-a e devagar e sempre ia doando mais do que podia. Vivia, mas sem energia para flores, permanecia grande, ereta, mas sem conhecer a plenitude de suas primaveras.

Até que um dia, dentro dessa apatia do mundo, um olhar de fora, observador, de um passante, notou a beleza reprimida, a sabedoria bloqueada, a possibilidade de crescimento suprimida. E, num gesto empático, cortou a conexão da trepadeira e deu um respiro desconhecido à grande mãe.

As marcas dessa ligação antiga ficaram ainda na derme ressentida da grande árvore.

No começo, ela sentia uma espécie de falta, uma espécie de desconhecimento de si mesma. Quem ela seria, assim solta na vida? Quem poderia ser, até onde poderia crescer? Qual era o limite do céu?

Deixou-se apenas sentir...

E mal despontaram os primeiros raios de primavera, a grande mãe, quase que sem querer, cobriu-se de florzinhas amarelas brilhantes.

O floreio amarelo-ouro nasceu por todos os cantos, cobriu as dores passadas, curou os medos inventados, trouxe o alívio da liberdade. Flores que choviam pelos ares, se esparramavam pelo chão, inundavam os olhares, despertavam atenção.

O grande e velho ipê amarelo enfim pôde sê-lo.

•

Mulher lua

Ela é tão forte que se assume sensível.
Mulher lua, ora cheia, ora vazia. Segue seus próprios ritmos. Aceita os ritos de nascimento e de morte de seu coração. Enxerga o mundo pela emoção.

Ela pertence a si mesma, vezes se resguarda, vezes oferta amor de graça por onde passa.

As outras mulheres são suas irmãs. Elas se protegem, se ajudam, se entendem, se vinculam.

Mulher da dança e não da rivalidade. Compreende os seus hormônios e não os interrompe. Ela se deixa fluir.

Emana a sensualidade de dentro, não esconde os seus desejos e também não faz do seu corpo sua única arma de sedução, a sua única verdade e o seu único poder.

Mulher de 'sins' e de 'nãos'. Bonita no claro e no escuro, de manhã e à noite, nua ou vestida. Mulher primitiva, conhecedora de si, respeitadora de seus tempos. Sua beleza vem da alma. Tem valor inegável, não mata um leão por dia, desperta borboletas. Perde a postura, desce do salto, chora, sorri, vive. Não ganha o mundo pela esperteza e pela soberania, mas pelo amor, pela intuição e pela sabedoria.

Amorna os corações e aquieta as tempestades, mas também deixa que chova.

Ela não se molda ao mundo de fora, sua realidade passa pelo crivo interno.

Mulher livre para caminhar imperfeita e ampla, sem se preocupar se cabe ou não em estereótipos. Não quer conquistar os direitos adquiridos pelos homens porque percebe que o caminho para melhorar o mundo é outro.

Enlouquecer de vez em quando pode salvar uma alma

Desde muito cedo na vida vamos aprendendo a nos conter. A engolir o choro, a interromper a risada, a ponderar a língua, a ajustar os movimentos do corpo, a maneirar nos gestos.

Vamos crescendo e ficando mais regrados, mais comedidos, e isso é importante para a vida social, para respeitar o espaço alheio e o ambiente comum e ter noção dos próprios limites. Mas também acho que a disciplina excessiva das emoções pode desestabilizar uma alma.

Parece que uma pessoa adulta equilibrada é aquela que tem convicções, postura, autocontrole exacerbado, não fala na hora indevida, não titubeia nas decisões, sabe o que quer, sabe aonde vai, com quem vai e como vai.

Mas eu acho que equilíbrio mesmo é abrir-se e permitir-se expressar.

Equilíbrio é um dia aceitar a chuva de lágrimas, a desesperança, a tristeza e no outro, navegar na maré calma e morna da alegria.

Equilíbrio é gritar para extravasar, é calar quando não tiver nada para dizer. É falar pelos cotovelos quando a mente sentir vontade de celebrar e narrar histórias.

Tenho mais confiança nas pessoas que são mais cheias de dúvidas do que de certezas, que têm mudanças de humor, que em alguns dias têm os olhos marejados, e em outro, um sorriso largo.

Acredito na importância de se permitir transbordar, deixar energias de dentro virem à tona quando elas aparecem.

Porque um choro pode ser apenas uma limpeza de algo que machucou. Mas muitos choros contidos podem afogar uma alma.

Porque uma gargalhada descomedida pode ser uma explosão de alegria momentânea, mas pequenas felicidades reprimidas podem desencadear uma apatia no olhar para o mundo.

Porque um ato de loucura, um grito, um berro, um travesseiro arremessado na parede pode ser apenas uma euforia ou uma raiva que invadiu nossas células, mas muita raiva refreada pode causar manchas irreparáveis por dentro.

Por isso tudo, acho que bonito e equilibrado é o ser que não se envergonha de chorar, amar, sorrir, titubear, enlouquecer de vez em quando.

Equilíbrio é saber que somos seres sociais e químicos, culturais e bichos, crianças e adultos, inseguros e confiantes. Tudo junto e misturado. Aqui, agora, neste instante.

Elegância – *a arte de não se fazer notar, aliada ao cuidado sutil de se distinguir*

Algumas pessoas têm um tipo de elegância que as fazem chamar atenção por onde passam independentemente do que estão vestindo, com quem estão andando ou sobre que assunto estão falando.

É um tipo de elegância que Paul Valéry descreveu como 'a arte de não se fazer notar, aliada ao cuidado sutil de se deixar distinguir'.

São pessoas que brilham sem fazer esforço, que não precisam alterar o tom de voz, carregar nos gestos, caprichar na produção ou no corte do terno, pois elas conquistam e atraem atenções simplesmente por se sentirem confortáveis na própria pele.

Sabem que a melhor aparência e a mais altiva postura são o brilho nos olhos e a genuinidade no sorriso. Elas iluminam por onde passam, pois sua paixão pela vida e seu jeito de encarar o mundo transbordam de dentro para fora. E quando se aprende a brilhar de dentro para fora, qualquer roupa ou acessório que se vista cai bem.

São pessoas que têm fineza de alma e se diferenciam por terem aprendido a difícil e corajosa missão de se conservarem sensíveis num mundo que valoriza posturas rígidas e atitudes mecânicas. E como disse Adélia Prado, 'a coisa mais fina do mundo é o sentimento'.

De nada vale poder sem humildade, dedicação sem entrega, beleza sem essência, intelecto sem sensibilidade. De nada vale gerenciar todas as questões aparentes, práticas e 'importantes' da vida, se não sofisticarmos o modo de enxergar e de sentir o mundo.

Pessoas que sofisticam o sentir nunca saem de moda, desenvolvem um magnetismo natural, se tornam referências, modelos atemporais. Inspiram simplesmente pelo o que são. Têm personalidades e estilos próprios, e não precisam se enquadrar num modelo de fora, de um grupo, de uma tribo ou uma tendência, pois seus estilos vêm da abertura e da liberdade de se deixar guiar pelas vontades intrínsecas.

Gosto de ver a beleza que se estampa nas pessoas que sabem se despir das proteções e se vestir de si mesmas. Gosto de admirar as pessoas que se tornaram atraentes não pela busca da perfeição, mas pela aceitação amorosa de suas vulnerabilidades humanas.

Gosto das pessoas que perceberam que a maior fineza da vida é a transparência. Que sabem que o verdadeiro luxo é a falta de necessidade de ostentação, pessoas que estão em busca de 'ser' mais e não de 'ter' mais.

E que assim, sem querer, alcançaram o que Coco Chanel chamou de 'a chave para a verdadeira elegância', que nada mais é do que a simplicidade.

Minha casa e meu corpo são meus templos

Minha casa e meu corpo são meus templos. São espaços de liberdade, de amor e de respeito. Eu cuido da parte de fora e de dentro, eu compartilho meus sorrisos e ensinamentos, eu abro os braços nos meus dias de sol, eu tenho colo e acalento, mas também fecho as janelas para agitadas tempestades que querem me invadir, bagunçar, entrar e sair sem nem descalçar os sapatos, sem pedir licença.

Aqui não é bem vindo quem quer entrar sem ser convidado, ou sem tomar cuidado, sem jeito, sem tato. Minha casa e meu corpo são sagrados. Ofereço um café e um cafuné para quem se aproxima com boas intenções, quem traz uma oferenda, um ensinamento, um beijo, uma flor e, com desprendimento, deixa uma prenda perto do meu coração, que é meu altar.

Eu cuido dos sentimentos que nessa pele correm, eu olho com atenção para as flores que crescem na varanda. Eu celebro com comidas e bebidas as boas companhias e me fecho feito casulo nos dias de escassez energética.

As portas não estão sempre abertas, a entrada não é livre nem franca, minha casa e meu corpo não são a casa da mãe joana.

Não é só chegar, puxar um papo e uma cadeira, não é só tocar a campainha, não é tentando espiar pela fechadura, não é invadindo, exigindo, entrando, abrindo, ficando, se sentindo em casa. Dessa forma, aqui você não vai conseguir nada.

Minha casa e meu corpo não são seus, são meus. Se eu te der passagem, pode sim ficar à vontade, abrir a geladeira, tomar uma cerveja, ser você mesmo. Pode sim fazer uma visita, desarrear as bagagens e os pesos do corpo, esticar as pernas, abrir o coração. Pode pegar um livro, pode cuidar dos bichos, pode relaxar, fechar os olhos, deixar os ventos te renovarem inteiro.

Aqui tem sim liberdade de expressão, espaço para deixar fluir a imaginação, um prato extra na hora da refeição, mas também tem limites, tem reclusão, tem a minha palavra contra (ou a favor) da sua intenção.

Por isso venha, mas peça licença, fale a senha, chegue com cuidado, carinho e devoção. Se for de minha vontade, se for pela nossa verdade, as minhas portas e janelas se abrirão.

•

POR QUE A GENTE SE PROIBIU DE TUDO DEPOIS QUE NOSSOS MUNDOS DESCOINCIDIRAM DE ANDAR JUNTOS?

Não fique bravo comigo, eu sofro de excessos!

Eu falo muito tentando esquentar o frio dos meus pés, nem sei explicar o mundo, muito menos meu coração, mas de vez em quando quero um pouco de atenção.

Eu me afogo em silêncios para não esparramar por aí a minha falta de energia.

Eu me desarmonizo por dentro quando tem mais coisas em jogo, quando não posso ser apenas eu, quando não posso ir direto ao ponto.

Fico assim desse jeito por não saber lidar com expectativas, nem as minhas, nem as suas.

Mas não fique bravo comigo, eu quero e preciso de um amigo.

Vamos parar de deixar tudo isso estranho, vamos exercitar a espontaneidade, a gente pode aprender a ouvir, a falar o que quiser, a dizer não, 'agora não'.

A gente não precisa dessa boa educação inglesa, dessa frieza, dessa esterilidade nos atos.

A gente pode se abrir, mesmo que seja para se conter, um ao outro, se for o caso.

Por que a gente se proibiu de tudo depois que nossos mundos descoincidiram de andar juntos?

A gente pode sumir um pouco, mas a gente não precisa sumir para sempre, como quem cumpre regradamente a missão de limpar esses corações machucados.

A gente não precisa discutir, tentar se convencer. A gente não tem que estar certo de nada. Vamos humanizar o que sobrou disso tudo. Vamos banalizar um pouco as nossas verdades e o nosso orgulho e também as nossas dores, que nem são assim tão embasadas. Estamos apenas inflexíveis, nessa nossa vontade boba de nos prevenir. Nos prevenimos de nós mesmos!

Vamos aprender a pensar diferente, a querer diferente, sem que isso signifique o fim do mundo. A gente pode falar que está de mau humor, que está sozinho, que está carente, sem que isso imediatamente signifique que estamos construindo planos e entrando em territórios perigosos. Sem que isso signifique que o sonho desabou. Vamos chutar esses sonhos falsos, essas imaginações que nos fazem vítimas, réus com um futuro falido.

Venha aqui esquentar os meus pés, eu te conto uma piada. Não estou pensando em mais nada, não pense também!

Talvez eu não esteja morando ali na esquina, entrando no seu quadradinho de mundo, nos seus ideais de vida. Mas vou adorar se você me ligar para contar como foi o seu dia. Vou ser leal como uma amiga e não fiel como uma esposa.

Vibração e Descompasso

Então, perto de mim você pode se derramar sem tomar cuidado.
Eu não faço as malas, mas meu coração já está aí ao seu lado.

Por que a gente tem que engolir as nossas histórias todas? Tomar um antiácido para digerir, colocar uma interpretação barata nos nossos momentos bons, só porque não seguimos em frente numa trilha pré-concebida?

Por que a gente tem que fingir que não existimos um para o outro? Para poupar a dor? A dor das benditas expectativas. E, enquanto isso, eu não sou o seu futuro, mas eu estou aqui. E você aí...

E eu aqui escrevendo... e você aí assistindo a uma série babaca... E a gente não se fala porque senão a gente vai sempre falar daquilo, porque a gente vai virar pessoas chatas de novo, então a gente evita.

Por que a gente desaprendeu a conversar sobre o clima, a lembrar daquelas cenas engraçadas, a dar dicas de cinema e culinária?

Por que a gente se proibiu de tudo só porque nossos mundos descoincidiram de andar juntos?

Por que eu virei tarja preta, cheia de contraindicações, e você me guarda na gaveta mais funda, longe dos seus olhos e pensamentos?

Por que a gente se proibiu de tudo depois que nossos mundos descoincidiram de andar juntos?

Não fique mais bravo comigo, eu não sou bruxa má, e muito menos fada, eu não tenho a chave da sua felicidade e também não amaldiçoei a sua vida. Sou assim uma ser humanA querendo apenas amar e ser amada e mais nada.

•

Amar deveria ser pomar em território de ninguém

Amor deveria ser um bem comum.

Amor deveria ser grátis. Deveria ser fácil, leve e solto. Tal qual espontaneidade de bicho do mato.

Amor deveria ser cachoeira de águas cristalinas, que dá de beber a quem se aproxima. E deveria também ser terra fértil, pronta pra quem quiser cultivar com as próprias mãos. Deveria ser como o mar, a planta, a areia que nasceu neste planeta muito antes de nós e não há cerca que pudesse forjar uma obrigação, uma definição, uma possessão.

Amor não deveria ser público nem privado, porque não pertence a nenhuma empresa nem ao Estado. Amor vem da terra, vem do mato, vem na gente antes de saber falar e entender, antes de conhecer a carga pesada da palavra 'amor'.

Amor não deveria ser livre. Porque amar é a própria liberdade em si.

Todo mundo deveria ter direito ao amor, porque amor que é amor não exclui.

Amor não deveria ter cor, raça, nação... Amor deveria ser cego, surdo, mudo e pobre. Tão rico quanto uma alma solta, tão farto como uma floresta e seus encantos, tão fácil quanto a vida antes dos significados.

Amar deveria ser pomar em território de ninguém.

O amor não deveria deixar uns desnutridos e outros empapuçados. O amor não deveria ser dividido, pensado, organizado, catalogado, exigido, ignorado. O amor deveria ser apenas compartilhado. Pega-se o que se quer, dá-se o que se tem.

Amar não deveria exigir que a gente fosse melhor do que ninguém para poder merecer o que já é nosso por essência!

Amar é só energia de cura, de carinho, de compaixão. É deitar num ombro sem saber qual a razão. É uma expressão de beleza dos olhos, de uma verdade das mãos.

Amor é bom, amor está antes e além de tudo o que convém.

Amar alguém só pode fazer bem.

•

Eu não quero abandonar tudo, eu quero abraçar o mundo!

Sabe quando bate aquela canseira enorme, aquele desânimo com o mundo, aquela sensação de que nada vai muito bem: o coração meio capenga, o corpo solitário, a mente bagunçada, o bolso furado, o trabalho instável e a vida cheia de problemas a serem solucionados?

E vem aquele dia em branco e preto, em que você sai de casa sem guarda-chuva e chove, a TPM aperta o estômago e o choro, você perde o último ônibus, acaba a bateria do celular, e tudo em volta parece não fazer sentido.

A energia esgotada, e você quer sentar na sarjeta, chorar e deixar de segurar a barra de tudo. Como se a vida, desse jeito, pudesse ir para o buraco.

Daí vem uma amiga (ou algum nível escondido de consciência) e diz: vamos fugir daqui, vamos mudar de vida, vamos para um retiro hinduísta, vamos fazer voto de silêncio, vamos largar o emprego, vamos sair correndo?!

E eu, num lapso de consciência e coragem, digo: quer saber de uma coisa, não!

Vou é me dar um banho morno, uma boa noite de sono, um momento para recuperar as forças do corpo e do pensamento. E amanhã vou reformular tudo.

E vou ficar aqui mesmo, vou seguir em frente. Para voltar à mesma rotina, fazer tudo igual, aceitar e me acomodar? Não!

Para dar uma guinada de verdade, perder os medos, falar alto o que penso, abrir novas portas onde parecia só haver paredes. Para personalizar a minha própria vida.

Vou criar meu espaço, vou dizer que está tudo bem até realmente ficar, vou dar risada das merdas todas e vou valorizar as coisas boas. Vou escutar as críticas e pensar que é inveja enrustida, vou fazer plantão perto das energias negativas até que virem boas vibrações. Não vou me assustar com o clima cinza, com as caras feias e com a opinião alheia. Vou ficar surda e cega para o que não agrega nada.

Porque eu não preciso dar um tempo, eu preciso é ir à luta.

Eu não quero férias para a alma, eu quero é resolver os problemas.
Eu não quero ter autopiedade, ficar doente e me arrastar num sem sentido. Eu quero desenhar mandalas no aparentemente impossível.

Eu não estou a fim de doses de reclamação diárias vindas de mim mesma, eu quero é passar de fase!

Eu não preciso de um efeito paliativo, eu preciso é transformar minha realidade em algo que tem a ver comigo. E quem além de mim mesma vai por as mãos na massa para que isso aconteça?

Por isso, me desculpe, amiga, mas eu não preciso de um retiro zen-budista, eu preciso me enfiar no meio disso tudo e sair duplamente mais viva.

•

Por um amor *Touch Skin*

Como é boa a facilidade de encontrar pessoas pela internet! Pessoas que vivem distantes, e se estivéssemos em outros tempos talvez nunca pudéssemos manter contato cotidianamente. Como são bons os reencontros que o mundo virtual possibilita, como é bom trocar fotos, mensagens, recados, áudios, vídeos. Percorrer universos com alguns cliques, compartilhar interesses, acompanhar vidas através de uma tela.

Skype, WhatsApp, Facebook... conectam mundos, preservam amizades, nutrem conversas e laços que poderiam se desfazer naturalmente numa realidade off-line.

São ferramentas demais de boas! E já não vivemos sem elas.

Mas quando o assunto é amor, relacionamento, me desculpem, mas eu ainda acho que 90% tem que ser pele.

O vídeo, o áudio, o teclado nos interconectam, mas só por um lado. Para amar eu tenho que sentir, perceber a comunicação que acontece no silêncio, nos gestos.

Nada substitui os olhos nos olhos, o jeito de mexer as mãos, o cheiro que vaporiza naturalmente e nos liga antes das palavras.

Há uma energia dos corpos que diz mais do que todos os contatos que uma tela oferece.

Por isso, eu quero amar uma pessoa tridimensional, 360 graus, que ocupa mais espaço do que o retângulo do monitor.

Quero amar uma pessoa cheia de ângulos e defeitos, cheia de humores e fluidos, cheia de gostos e manias.

Quero o desafio do imperfeito, o cotidiano que mata as ilusões.

Quero uma pessoa de carne, osso, sonhos, frustrações, quedas e voos.

Prefiro uma cama cheia e a caixa de e-mails vazia. O telefone mudo e as mãos preenchidas por outro ser humano. Prefiro a casa bagunçada e as mensagens caladas. Prefiro uma voz que fala perto do ouvido a 50 corpos bonitos no Tinder.

Quero um relacionamento presencial e sem distância, ao vivo, a cores, a texturas e odores, off-line, orgânico. Quero que os aplicativos sejam as trocas, as risadas e os choros. Que a quantidade de estímulos seja menor, porém mais profunda. Quero tocar com meus dedos as pintas do corpo e não os pontos nas telas. Quero um amor *touch skin*!

•

A GENTE NÃO PODE AJUDAR, COM AS PRÓPRIAS MÃOS, UMA BORBOLETA A SAIR DO CASULO

Esses dias eu tive a sorte de presenciar a linda e forte cena de uma borboleta saindo do casulo.

Já havia visto antes um passarinho saindo do ovo. E, em ambas as situações, o sentimento que me surgiu ao assistir assim tão de perto foi dor, a dor da transformação, a dor do nascimento. Uma lagarta não vira borboleta de uma hora pra outra, uma borboleta não sai de um casulo com a facilidade e a leveza que suas asas simbolizam. Vendo assim de perto, noto que é um processo longo e doloroso.

Devagarzinho a borboleta vai se despindo do casulo, com as mãozinhas cria uma fresta e vai sentindo o ar de fora, vai abrindo uma janelinha e vai empurrando o próprio corpo ainda encolhido para fora de seu 'confortável' abrigo. É tudo muito lento, com pausas no percurso, um passo de cada vez para se acostumar com o novo. E quando o corpo todo deixa o casulo, a borboleta ainda está toda encasulada – seu corpo comprimido, suas asas dobradas; mesmo fora da casca, sua estrutura ainda está apegada. É devagar que as asas vão se esticando, se abrindo, revelando o colorido e as novas dimensões.

Quanta coragem e força precisou ter esse ser intermediário entre lagarta e borboleta para poder encontrar o mais pleno de si? Quantas lutas consigo mesma precisou a borboleta empreender para entender que mesmo que tão quentinha, confortável, familiar fosse a sua situação de lagarta no casulo, era menos do que ela veio ser neste mundo? Chega uma hora de maturação em que as leis do universo nos impulsionam a rompermos as nossas bolhas protetoras. Vai haver dor? Sim, mas ficar já não é mais uma opção.

Ah, mas e essa persona de lagarta que a gente já sabe ser? E esses territórios já tão conhecidos, os ambientes conquistados, essa facilidade em ficar nos galhos?... E essa hibernação no casulo. É tudo tão confortável (e duro!). É mais fácil continuar sendo o que se é... Não é?

Como podemos querer abrir frestas para uma nova versão da gente mesmo? E deixar para trás a nossas firmes verdades, reaprender a andar (ou a voar!), nos olhar no espelho e nos desconhecermos por completo?!

Como podemos querer abrir em nós mesmos uma nova versão de ser no mundo? Se essa que eu uso hoje já me cai bem, já conhece os caminhos (e os esconderijos). Pra que passar por uma dolorosa transformação se eu não mais serei eu, se eu vou perder o chão que com tanto custo cultivei?! Que monstro é esse que mora em mim e que quer ser eu em meu lugar? Como eu vou deixar? Como vou parar para escutar esses ecos que vão me matar?!

Não! É melhor a gente ligar alto a televisão, é melhor se afundar no trabalho e chegar em casa cansado pra não ter que encarar nada disso. É melhor tomar um comprimido, reclamar o tempo todo como um disco riscado e não parar para olhar o que realmente está errado e martelando na nossa alma. É melhor acreditar nessas paixões que nos machucam, nessa solidão como destino, nessa nossa condição de vítima. É melhor curvar as costas, reprimir a alma, fazer vista grossa para o que na gente quer ser grande! É melhor não escutar o silêncio e não encarar-se no espelho por muito tempo.

É melhor mesmo?

A gente não pode ajudar, com as próprias mãos, uma borboleta a sair do casulo...

Está nas mãos dela a decisão, está na ousadia de suas asas.

•

Gentileza é a gente deixar o outro ser de carne e osso

Gentileza gera gentileza.

Pois é, mas acho que ser gentil não é ser bem-educado, ser gentil é ser bem humano.

Não é gentil quem age com malgrado e um sorriso no rosto, quem demonstra curiosidade por uma história enorme narrada por um amigo bocejando por dentro, quem responde a uma mensagem na madrugada só por educação.

Gentileza não é só tratar as pessoas com sorrisos e 'sins', e evitar conflitos, e evitar desacordos, e esconder verdades quando estas forem duras de dizer.

Gentileza é mostrar opiniões com jeitinho, é mostrar falta de interesse, é fazer cara de cansaço e desânimo, é pedir licença e mostrar as cartas com cautela, é pedir pra sair. É tratar com cuidado a delicadeza do outro.

A maior gentileza que alguém pode oferecer é a transparência. É a humildade de dizer a verdade. Ser gentil é perder o profissionalismo quando preciso e deixar transparecer o corpo e a mente cansados, e pedir a gentileza dos outros para te dar espaço hoje para ser de carne e osso.

Gentileza é a gente deixar o outro ser de carne e osso.

Gentileza é calor humano. É uma alma esquentando a outra através do olhar.

Sorrisos artificiais, comentários ensaiados, frases decoradas, preocupações encenadas não aliviam nada, não são gentis.

A gentileza pode estar num olhar cansado, num afastamento na falta de sentimento, numa mão que não se deu, num passo atrás, numa ausência. A gentileza pode ser uma conversa curta, a coragem de tocar em assuntos delicados.

Ser gentil é tocar em assuntos delicados com delicadeza, ser gentil é machucar avisando que vai doer um pouquinho, é destruir sentimentos, mas de preferência com um tiro só, certeiro, é desligar o aparelho de palavras doces e educadas que mantém vivo o amor no coração do outro.

Ser gentil é matar. É deixar a dor do outro doer em paz. É desejar o bem e não mais voltar se é isso que se deseja por dentro. Ser gentil é conversar, é falar o que se pensa, o que se passa, do começo ao fim, e acima de tudo, ser gentil é saber ouvir.

Ser gentil é ceder um pouco de tempo, um pouco de ouvido, um pouco de palavras, um pouco de ânimo. Ser gentil é sinalizar. É deixar-se conhecer.

Gentileza é mostrar os terrenos para que o outro possa escolher se quer pisar.

Ser gentil é agir antes que sentimentos ruins maiores se instaurem: raiva, rancor, tristeza profunda.

Se você for gentil de carne e osso, você não vai precisar aprender quando ceder o lugar no ônibus, como agir com o funcionário novo da empresa, como se expressar sobre a comida um tanto estranha da sua sogra, como opinar sobre o cabelo novo de seu amigo.

Se você for gentil de carne e osso, você vai saber instintivamente como não ser insensato com corações. Quem é gentil de carne e osso é gentil mesmo quando ninguém está olhando, é gentil com as plantas de casa, é gentil consigo mesmo, no próprio pensamento que aprendeu a não se autojulgar, autossabotar e autopunir tanto e sabe cuidar das próprias dores sem raiva, e sabe cultivar os amores sem ansiedade.

Gentileza gera gentileza, porque calor humano gera calor humano.

Sejamos gentis de carne e osso!

•

Sozinha, tranquila e de bem com a vida

É aquela velha história, seria bom ter uma parceria na vida, um corpo aqui perto, entrelaçando energias neste inverno, uma alma amiga para construir momentos leves e colorir os dias.

Seria muito bom ter aqui por perto um encontro simples e profundo. Mas parece que o mundo anda complexo e raso.

É aquela velha história, está fácil tirar a roupa, mas despir a alma ninguém tem coragem.

Está fácil abrir o corpo e a casa, mas pouca gente quer compartilhar as intimidades.

Está fácil encontrar embalagens que combinam, mas não profundidades que se mergulham.

É fácil encontrar uma companhia que se encanta com o que em mim é superfície, com a minha casquinha de caramelo. Mas é difícil alguém que entende que essa casca é delicada demais e se quebra facilmente e dentro existe um grande mistério.

E eu aqui comigo mesma já sei que a minha versão mais bonita e plena surge no ambiente em que eu posso ser frágil, sensível e exagerada. Mas, às vezes, acho que muita gente gosta do que é forte, racional e comedido.

Eu aqui sozinha já vivo nesse lugar do simples e do profundo. No lugar de uma alma que se permite a amplitude. E gostaria de me compartilhar sim, mas só se for assim, porque eu já não consigo mais evitar dizer o que penso, não deixar transbordar meus sentimentos e engolir meus questionamentos. Eu extravaso.

Eu aqui comigo gosto de ser livre no viver, no expressar, e muita gente confunde liberdade com libertinagem, curiosidade com fugacidade, contraversão dos costumes com descontrole, abertura para vida com entrada franca para a minha privacidade.

Aí eu também não quero que entrem!

Sozinha sou uma mulher independente, questionadora e também muito delicada.

Quero por perto pessoas que entendam que eu gosto de carinho, diálogo, espaço e respeito. E isso também é o que eu gostaria de oferecer, se possível.

Acima de tudo eu me amo e me aceito desse jeito e quem chegar perto não pode querer menos do que isso. Porque eu já não me limito, eu me expando.

Talvez neste inverno eu não tenha um cobertor de orelha, mas não importa, porque eu sei que minha alma estará totalmente aquecida de amor próprio.

•

Aos desastrados, com carinho!

O desastrado geralmente é um distraído, esquece dos perigos, vai andando quase sem destino, entra no universo paralelo do imaginar e só cai em si quando de repente tropeça numa pedra no caminho, tropeço que parece ter sido uma intencional rasteira de Deus, querendo avisar: 'não voe tão longe, meu amigo! Você ainda tem coisas para fazer neste mundo!'

Nas mãos do desastrado tanta coisa vai saindo tortamente acertada, inesperadamente cômica, assustadoramente criativa e boa.

O glorioso deslize de derrubar café na camiseta branca daquele cara mal-humoradamente mala, quem mais conseguiria?

A magia de quebrar o gelo e sacar gargalhadas enrustidas daquelas pessoas perfeitas como a rainha da Inglaterra, preocupadas como os despertadores, sérias como os guarda-roupas de mogno maciço, o desastrado instintivamente sabe.

Ele chega com a calça clara e senta numa mureta suja, esquece de tirar a etiqueta do suéter novo, fala aquela frase sem noção no meio de uma convenção; ele troca os nomes, envia mensagem errada para a pessoa mais errada ainda, tenta consertar e quanto mais mexe mais fede.

Ele perde o senso do belo, do coerente, do ajustado, do permitido.

O desastrado derruba a taça de vinho, estilhaça a xícara de porcelana, coloca sal no suco; ele é craque em sair por aí tentando arrumar os seus pequenos delitos, limpando os cantos, recolhendo os cacos. Deve ser por isso que, apesar de tanto descompasso, ele sabe como ninguém remendar corações despedaçados.

Deve ser porque o coração dele sempre se quebra ao criar desencanto nos olhares que procuram perfeição. O desastrado já sabe bem se recolher, secar as próprias lágrimas, tirar as manchas de mágoa, descartar o que não tem mais conserto, remendar o que ainda dá jeito.

O desastrado segue, numa nova versão de si mesmo, ou numa antiga reformulada, com um tênis velho furado, o batom meio desacertado, um silêncio desajeitado... e o peito inflado de sonhos.

O desastrado transforma as catástrofes da vida numa cena de circo. E, às vezes, como ele se pune, coitado! Fica sempre tentando tomar mais cuidado, mas quando menos espera se distrai de novo e troca as bolas, derruba as verdades, quebra as ilusões.

O desastrado é apenas uma alma grande, expansiva, volumosa, arredia dentro de um corpo restrito e limitado. A alma não cabe, por isso se esparrama, se derrama e inunda tudo e todos que estiverem ao lado.

Belo é o desastrado.

Platônica

De onde foi que você surgiu que eu não vi, não notei? Não vi quando chegou, nem quando me achou, nem quando se fez existir.

Quando foi que eu te coloquei um significado nesse meu caminhar acelerado? Em que momento foi que você puxou a barra da velha saia que eu não uso mais? E inventou sentimentos que já não se usam mais? E criou um cenário bonito para a nossa encenação tomar corpo? Um corpo que não me pertencia.

Quando foi que seus dedos aprenderam a desenhar eternidades em minha pele?

E eu comecei a me apegar a esses momentos passageiros que marcam o couro feito brasa?

E todas as vezes que eu olho agora para os caminhos de suas mãos em meu corpo sinto o seu rastro.

Quando foi que você olhou nos meus olhos, de volta aos 14 anos, doce como a rosa roubada caída no quintal da adolescência? E como foi que encontrou o antigo baú em que ficaram esquecidos, por eu tê-los julgado inúteis e antiquados, aqueles velhos sonhos e os recolocou na vitrine dos meus pensamentos?

Nunca te vi antes na vida, mas você me conhece desde criança.

Fazendo-me platônica de novo: amando ideias, amando amar, me inflando de essências que só cabem no universo do imaginar.

•

Tenho ciúmes dos nossos momentos

Eu sei, eu sei, pode parecer bobo e infantil o que vou dizer. Acho bonito você aí vivendo, exercendo sua liberdade, sorrindo, se abrindo para sua espontaneidade.

Respeito o seu jeito de ser, os seus olhos que veem beleza, a sua abertura para conversar com todos e compartilhar amor e sentimentos.

Mas, eu aqui no meu canto, te admirando, guardo no espaço mais especial da minha memória os nossos encontros. Eu acesso essas pequenas grandes lembranças quase que diariamente para sentir um gosto doce na boca e fazer meus dias valerem a pena.

Então, meu amor, sou bobo sim, mas tenho que te dizer que tenho ciúmes dos nossos momentos. Tenho medo de eles se tornarem menos especiais por ver você por aí repetindo tudo igual, apesar de que acho que suas ações são espontâneas e não são jogos inventados para serem repetidos. Cada momento é único de toda forma, eu sei.

Mas, eu ouso aqui te pedir, por favor, para que você não suba por aí escadas rolantes pelo lado errado com qualquer amigo que, em vez de achar graça, vai julgar seu ato.

Peço que você não colha as acerolas daquela árvore da rua e as distribua para qualquer pessoa que não vai notar a beleza da sua intenção e gesto. Vai apenas achar tudo uma bobeira, ver a cena e passar reto.

Peço que você não arranque as flores, as lágrimas-de-cristo do vizinho, e as dê de presente para qualquer amigo que não vai ter a delicadeza de colocá-las num copo e trocar a água todos os dias para que sobrevivam mais tempo perto da vista.

Quero te pedir que não distribua por aí aquelas piadas bobas que você me conta enquanto a gente fica esperando chegar nossa comida no restaurante da esquina. Porque pode ser que ninguém sorria para elas e para você como eu gosto de fazer, e mesmo sua piada não tendo graça nenhuma, é um grande divertimento assistir a seus trejeitos enquanto elabora uma história.

Eu sei, meu bem, você não é minha, sua vida não é minha, suas estradas seguem, suas horas se dividem entre afazeres, pessoas, momentos... Mas é que eu aqui gosto de pensar que algumas coisas entre nós são únicas e especiais, eu coloco moldura dourada nas nossas cenas simples e sei que muita gente por aí não enxerga o valor da obra de arte que pode ser passar umas horas com você.

Eu que enxergo a beleza dessas nossas singelezas, não quero saber como outros tratam o encantamento dos seus olhos. Prefiro pensar que é nosso espaço, que é nossa química, que são nossas almas que sabem voar juntas e que isso nos conecta pela poesia, pela verdade nesse mundo veloz, devorador de pessoas e sentimentos e que se liga demais em aparências.

Eu espero que a sua linda alma não encontre barreiras nos olhares anestesiados. E eu estarei aqui esperando os nossos próximos encontros, que dentro do meu coração fazem do mundo um lugar lindo de se viver.

•

É MELHOR NÃO SER FELIZ DEMAIS

'É melhor não ser feliz demais' – dizem os olhares das pessoas, os pontos de ônibus, o gerente do banco, o porteiro do prédio, as bancas de jornais...

O mais ou menos é sempre mais aceitável. O mundo parece preferir pessoas medianas, mornas, de poucos sorrisos e pouco choro. Que se conformam e seguem seus destinos e desalinhos.

Impressionante como estar bem (e mostrar isso) atinge as pessoas.

É melhor não ser feliz demais, demonstrar que vai tudo bem, sorrir por aí sem culpa, sem pesos, sem ligar para os julgamentos. Deve haver algo errado com alguém que gosta de paz, que evita cair em provocações, que desvia dos joguinhos, que tenta expressar os sentimentos sem medo do que os outros vão pensar.

Deve haver algo errado com quem acorda de bom humor e, em alguns dias, simplesmente sente que não há nada de que reclamar. Realmente está tudo bem. Não que tudo esteja perfeito, não que o mundo seja só belezas, mas a gente vai fazendo o que pode, vai cuidando dos arredores, vai caprichando nos pequenos feitos e colocando boas intenções, e aprendendo com os tropeços, encarando com coragem, força e leveza o que surge, sabendo que a vida é mistério e milagre, e ela desabrocha o que a gente planta.

Mas que estranho é sair assim de casa, vestido de asas e sorrisos. Pode ser que você entre numa padaria e seja mal atendido, pode ser que você diga na rua um 'bom dia' e te respondam 'o que é que tem de bom nisso?', pode ser que a sua vida que parece estar indo tão bem irrite profundamente quem tem caminhões de coisas para reclamar e pouca força para mudar.

É... desconfiam de quem faz da vida o que quer, quem não se culpa, não se fere tanto; explicam sua vida como fácil, eliminando todo o aprendizado que você desenvolveu em todos esses anos de caminhada. Julgam como sorte, folga, trapaça... Procuram explicar a sua paz interior. Não entendem que se você sorri hoje descompromissadamente talvez já tenha chorado muito anteriormente.

Tentam provocar a sua ira, afinal como pode todo mundo se dando mal e você estar tranquila?! Como pode mais ação do que reclamação? Como pode essa ousadia de transformar sonhos em realidade se o mundo é uma coisa tão mais complexa, burocrática e chata?

É melhor você ir ser feliz pra lá, é melhor você não se aproximar muito das proteções das pessoas, das verdades inquestionáveis e do determinismo conformado.

É melhor você não vir aqui e tentar mudar a minha realidade compacta. Eu já me acostumei, eu já me adaptei, eu já fechei os olhos e absorvi o cinza do mundo. Ninguém confia em quem chega assim tentando colorir o dia. Ninguém confia em quem não acredita que a vida é apenas um fardo. Ninguém aceita a pessoa que desvia o corpo e a alma das fofocas, dos olhos gordos, das más energias. Quem não absorve tudo o que vê por aí, porque acredita que se preservar inteiro, com compaixão sim, mas sem tanta sintonia com esses ritmos de vida, é a melhor filosofia.

É, meu amigo, o mundo parece nos dizer todos os dias 'é melhor não ser feliz demais'. Mas, bem na verdade, eu acho que a gente deveria!

Toma, o amor é seu

Não posso pegar na mão um coração machucado pelo meu não.

Toma, ele é todo seu, não fui eu quem inventou, quem bombeou, quem insistiu em sentir.

Não sou eu que vou te curar com a minha não vontade de amar. A compaixão que eu poderia ter só te faria ainda mais sofrer.

É seu esse coração machucado, esse amor órfão, solto, belo... É todo seu.

Aqui em mim ele é um assunto que não me toca os olhos, é um filme que não me interessa, é um livro que não me despertou os sentidos, pois eu nem o abri, é uma estrela que não acendeu no meu céu.

Eu não quero recebê-lo. Como poderia tratar, cuidar, ajudar? Eu, que escrevo este texto gastando linhas explicando o inexplicável. Dando atenção para alguém que quer toda a atenção do mundo.

Culpar o ser amado, encontrar uma razão para odiar, me fazer falar qualquer coisa para me incriminar nesse ato de que não quero participar?

Aceite que em mim mora a indiferença, aceite que o que é enorme em você em mim não faz cócegas, aceite que eu não vou segurar com cuidado o seu coração, acalmá-lo e devolvê-lo renovado, embrulhado para presente. Eu lavo minhas mãos, não faço o bem nem o mal.

Eu sei, sim, o que é se sentir assim, mas vai por mim: você ficou na mão com seu coração.

Se deixá-lo aqui, ele vai ficar perdido em alguma das gavetas que eu não abro. Eu não criei nada, seu coração viu em mim estradas (que são belezas suas!) e nasceu amor por partenogênese.

Não se desespere também, não precisa matar nada, ame o vento, o ar, a árvore; ame a vida!

Gaste seu amor, se apaixone pela própria beleza das ilusões ervas daninhas, insistentes em crescer bonitas nos cantos mais absurdos. Deixe que cresça em você uma trepadeira, primavere-se desse amor.

É pra isso que ele veio acima de tudo, eu sou só o pretexto.

•

Como se faz uma lembrança?

Lembranças são pedaços de vida?

Acho que lembranças usam a vida como matéria-prima, mas não apenas e não sempre. Lembranças são recortes de vida enfeitados com sonhos, salpicados com imaginação. Lembranças são experiências vividas e experiências imaginadas.

De todos os momentos, no correr dos dias, o que fica guardado no nosso pensamento? O que vai parar naquela especial prateleira de nossa mente? E que fica sempre limpo das teias de aranha do esquecimento e acessível aos nossos olhos e aos nossos sentimentos?

O que compõe essas imagens e sensações que em nós permanecem? Memória é membrana seletiva?
E que seleção é essa que nos acompanha desde criança e que separa momentos joio de momentos trigo?

Membrana seletiva que guarda todas as cenas de um filme simples e despreza milhares de outros filmes inteiros.

Pensamento que organiza as diversas salas temáticas dessa galeria e que tem um gosto tão específico e único quanto caótico.

Qual é a medida de nossas lembranças?

Que às vezes transforma um acontecimento de poucos minutos

em assunto para muitos sonhos. E, outras vezes, faz muitos dias guardarem-se em algum envelope pardo que vai ocupar o fundo de uma gaveta antiga e desconhecida.

Num ilógico método em que coisas voam e ficam para sempre e outras coisas estão sempre, mas não tocam.

Em que noites que ocupam anos e anos se dissolvem no tempo. Em que algumas pessoas pesam como plumas e brilham feito estrelas nesse olhar de dentro, nesse dançante e nunca igual álbum de memórias.

No fim do dia, o que a gente leva dessas horas?
No fim do ano, o que retemos dessas semanas?
No fim da vida, que momentos poderão ser selecionados para compor o significativo trailer da nossa existência?

No fim até da nossa memória, se esse for o caso, o que fica gravado em nossa pele, em nossos sentidos, em nossos hábitos, nisso que somos antes do pensamento?

Como se faz uma lembrança?
Uma lembrança que sorri, uma lembrança que desperta, uma lembrança que significa uma pessoa?

Com abraços, beijos, olhares, lugares, cheiros, gostos? Com grandes eventos? Com singelezas?

Como se faz uma lembrança?

Desconfio que a memória é feita de substância similar a dos montes de areia, a dos ciclos da lua, a das marés oceânicas e a das almas humanas. Ao vasculhá-la, mudam-se as paisagens, mudam-se os tempos, mudam-se os pesos, mudam-se as histórias. Muda-se quem somos. E assim, numa bela ironia da vida, muda-se inclusive a própria memória.

•

A ARTE DE COZINHAR MOMENTOS PARA EXTRAIR O MELHOR DA VIDA

Acho que tantas vezes, da forma como a gente vive e é impulsionado a viver, experimentamos os momentos da vida como um alimento insosso, como uma massa amorfa e funcional, que completa os nossos dias, mas não nutre a nossa alma.

Nossos sentidos devoram os dias como um prato cru e frio, as horas passam por nós nos atropelando ou não fazendo sentido, as coisas nos atravessam e não ficam.

Escaneamos textos e informações, gostamos do que é curto, rápido, condensado, descartável. Queremos o gozo fácil, engolir mensagens, pessoas, aprendizados, dar conta de sermos seres multifacetados, que sabem um pouco de tudo e, do nosso profundo, quase nada.

Será que a gente não percebe mais que, se a gente cede tempo para emoções e pensamentos, se a gente cozinha devagar os momentos, se a gente mergulha por inteiro, se a gente tem paciência, acredita que o olhar pode mudar com o tempo, que tudo se transforma, amadurece, cresce dentro da gente, a gente alimenta a nossa beleza de dentro?

E tudo fica mais bonito, perfumado, apetitoso...

Afinal, para uma massa virar um belo bolo, ela precisa ficar quietinha no forno por uns bons 45 minutos.
Para um vinho liberar seus mais finos aromas, precisa passar por um longo repouso.

Para um bom texto entrar na gente, ele precisa ficar dialogando com o que nos habita no íntimo.

Para uma pessoa nos revelar, sem querer querendo, o seu melhor, o seu mais humano, a gente precisa deixar que ela seja livre no tempo, nos deveres e sentimentos e encontre-se ou não à vontade perto da gente.

Para um sentimento fazer sentido, não importando se na realidade externa ou interna, ele precisa vir à tona no nosso olhar e pensamento e inundar a nossa alma e então se dissipar ou crescer, antes que a gente racionalmente decida cortar suas raízes.

Para um momento ter gosto e presença, a gente precisa aprender a extrair, com vontade e paciência, o seu melhor sumo, os seus mais finos segredos.

E acho que isso se faz com mãos delicadas, olhos intuitivos, sentidos despertos, deixando-se um pouco entregue às leis harmônicas do vento, e sabendo que um botão de rosas pode se tornar, em sua plenitude, uma linda rosa desabrochada, mas nunca poderá ser um crisântemo ou uma borboleta.

E, assim, a gente degusta a vida como um apaixonado, porque aprendemos a cozinhá-la devagar e com cuidado, colhendo o melhor tempero que cada momento e pessoa pode oferecer: do leve e sutil ao forte e apimentado.

•

No fundo, no fundo, a gente gosta mesmo de se apaixonar

No fundo, no fundo, a gente gosta mesmo de se apaixonar, mesmo que tudo dê errado, mesmo que seja um fracasso, a gente gosta de sentir de novo aquele frio na barriga, de perder o sono e fazer o mundo ficar sem sentido por ter olhos famintos por uma pessoa que inesperadamente se tornou única.

No fundo, a gente gosta de espiar os nossos medos, de cutucar nossas dores com vara curta, de entrar nos nossos labirintos emocionais desconhecidos, de viver perigosamente por dentro, de mergulhar no que surge do nada e desestrutura tudo.

No fundo, a gente tem curiosidade pela vida, a gente tem coração pra mais uma surpresa e um cantinho de pele pra mais uma ferida, a gente sabe que a alma pode até se tornar comodista e preguiçosa, mas não se aposenta antes de terminada a vital energia.

No fundo, tem sempre sangue novo correndo nessas veias gastas e sonhos frescos brincando nesses pensamentos velhos e fios dourados de esperança costurando esses passos entediados. Há vontade de se sentir diferente, de amar mais, de experimentar de novo, de perder a paz. De encontrar em si mesmo novas possibilidades de ser.

•

Essa coisa de ser bom o suficiente mata a gente

Muitas vezes, tudo o que a gente quer na vida é fazer parte: pertencer a um grupo, se adequar a um ritmo, caber em uma profissão, estar dentro de um amor.

Queremos ser bons o bastante para merecermos recompensas. Criamos metas na vida e seguimos em frente, em busca, mas qual é o caminho que temos que atravessar para sermos o que devemos ser?

Que coisas e seres tivemos que atropelar? Quais sentimentos e características tivemos que matar dentro de nós? Quantos sapos a gente teve que engolir? E quantas puxadas de tapete tivemos que dar?

O que o nosso caminhar fez a gente se tornar para que pudéssemos chegar aonde gostaríamos? Que adaptações tivemos que desenvolver para caber num amor, num trabalho, numa amizade?

Eu acho que se adaptar demais faz mal.

Eu acho que o medo do não ter, do não ser, de ficar para trás, de ficar sozinho pode nos fazer entrar em barcos furados na pressa de não perder a viagem.

A gente entra despreparado, cego, cru em situações, e depois fica se limitando, se podando, se moldando, se adequando ao que não se ajusta à nossa alma.

Quantas vezes nessa vida a gente tem que se espremer para cabe, silenciar para evitar conflitos, engolir dores por medo, ficar para não desagradar, fazer vista grossa até que nossos sentidos fiquem anestesiados?

Mas muito pior do que não arranjar conflitos é o incomodo do que não foi dito.
Muito pior do que a solidão é estar perdido dentro de si mesmo perto do outro. Muito pior do que perder as garantias é ter todas e não ter a vida.

Existe uma paz genuína em quem tem a coragem de não sabotar a si mesmo.

E eu desejo e espero que a gente aprenda a não se moldar pela força da mente, pela conveniência da situação, pelo ritmo insano do mundo, pelo medo de perder tudo. Que a gente não se molde pela carência, pelos olhares alheios, pelas aparências.

Que o que nos guie seja uma força maior e tão mais simples que vem aqui de dentro. Que a gente se encontre no encaixe dos abraços, na intimidade das mãos, na fluidez do caminhar.

Que a gente não pode demasiadamente nossas asas nem perca completamente o próprio chão.

Que a gente não empaque no meio do caminho e não saia correndo desenfreadamente para qualquer direção.

Que a gente não se limite. Que a gente contemple o caminho por onde andamos e desenvolvamos a nossa melhor versão.

Que a gente grite, transpire, pire, desmistifique, se assim for preciso.

E toda vez que percebermos que estamos demais ou de menos numa situação, mesmo que seja um sopro bem lá no fundo nos dizendo, que a gente se 'desinvente' e se reinvente até sentirmos que a vida é mesmo isso: uma grande transformação.

•

Fica aí pensando, pensando enquanto eu vou ali viver

É meu querido, há tanta coisa pra se pensar antes de amar, antes de viver. Há tanta coisa pra resolver, pra passar a limpo, pra entender. Há tantos cálculos a serem feitos – medir a profundidade do mergulho, analisar se vai ser mais uma queda, uma dor, um erro. Há tantas análises psicológicas a serem feitas – será que vai ser mais uma mágoa? Será que estamos preparados? Será que ainda não é cedo demais?

É meu querido, você precisa de um tempo maior para ter certeza, você precisa de mais ingredientes para ter coragem, você precisa de mais compreensão para estar preparado para amar de novo. Mas pode ser que quando, finalmente, você tiver tudo aí na sua alma e coração, o passarinho do amor tenha voado, solto, sozinho, longe.

Enquanto você fica aí na beirada desse rio de experiências que é a vida, eu já mergulhei de cabeça e coração, fui até a outra borda, senti se dava pé, te acenei de dentro e passei de fase. Enquanto você fica aí arrumando seus aparatos para se assegurar de tudo, para salvaguardar a sua pele e a dos outros (como se fosse um deus, como se isso prevenisse sofrimentos), eu já me joguei, caí, aprendi com a dor dos joelhos ralados, aproveitei o vento de liberdade no meu corpo nu, deixei a energia vital transcorrer todo o meu ser.

Ah, se as coisas pudessem ser prevenidas! Ah, se o excesso de cuidado e zelo facilitasse mesmo o nosso caminhar! Ah, se a gente soubesse mesmo encontrar a hora certa de amar, se a vida se abrisse limpinha para o que é novo pudesse entrar e o que é velho adormecesse em paz!

Mas a vida é roteiro de acasos e sustos, surpresas e imprevistos. Quem cria redomas para si mesmo não anda, não ama, não amadurece. Precisamos abrir janelas para que ventos novos nos sacudam, nos desestabilizem, nos tragam sombras e luzes. E que a gente possa ver, viver, amar de olhos abertos, aprendendo com o que é dor e aproveitando ao máximo o que é alegria. Porque, por essas mesmas janelas por onde entram tufões, chegam doces calmarias.

Que obrigação é essa de querer só fazer escolhas certas? Que jeito de viver é esse que se apega mais aos medos do que à alegria de amar? Que desperdício de vida é esse que prefere observar de fora, limpinho, sequinho, do que se jogar na lama, na chuva, na brincadeira?

Quando a gente anda, e ama, e perde os medos, a gente aprende que a nossa bagagem, o que nos fortalece e protege são as nossas experiências. A única forma de libertação é se permitindo participar da dança da vida. Quem vive com coragem, continua caindo e levantando, amando e reamando, chorando e sorrindo, e aprende que tudo é positivo, tudo é crescimento, tudo é transitório e belo. Tudo vem para agregar conteúdo e enriquecer a alma.

O medo já não existe mais; no lugar dele fica serenidade, amor e confiança.

Então, meu querido, segura minha mão e salta comigo. Tudo o que temos é esse momento divino, tudo o que podemos fazer é aprender juntos e crescer com esse encontro. Tudo o que sentimos transborda nesse presente momento e inunda a vida toda e o nosso entorno.

E que seja intenso enquanto dure!

•

Sinto saudades do que a gente não viveu

Olho para você e vejo uma beleza. Uma história linda que não foi contada.

Às vezes penso em você e sinto saudades do que a gente não viveu. As manhãs de sábado em que acordávamos famintos e íamos descabelados até o café da esquina comer um *english breakfast* e um suco de maçã com gengibre.

Ficávamos mergulhados em nossos silêncios vendo o movimento crescendo nas ruas, em mais um dia quente. E eu nem precisava te olhar para saber que você estava ali, imerso também em uma certa doçura. E a *house music* que tocava no café nunca foi muito o meu estilo, mas compunha perfeitamente essa história de um verão com ares do pacífico.

Esses silêncios que nunca existiram, essas manhãs que nunca se deram. Afogadas na pressa de entrar num ônibus antes mesmo do sol nascer.

Sinto falta da nossa caminhada na orla, em que parávamos para ver o surf ou conversar com um amigo em comum que nunca tivemos. E deitávamos na areia só para tomar um sol no rosto e respirar o cheiro um do outro um pouco mais. E de quando éramos surpreendidos com um cachorrinho nos jogando areia e pulando a nossa volta, nos convidando para brincadeiras e nos desvendando as gargalhadas que já estavam prontas e só procuravam um pretexto para irromperem.

Envoltos numa dose certa de serotonina e adrenalina. Entorpecidos e vibrantes. Virávamos crianças. As crianças que nunca fomos.

Às vezes penso em você e sinto saudades do que a gente não foi.

Nosso amor teve o peso dos adultos, já nasceu grande demais, nasceu perigoso, estressado, cansado. Uma bonita vontade no campo dos medos e das obrigações, uma bonita energia no campo dos orgulhos. Nasceu em meio a uma guerra; lindo, mas cancerígeno.

Nosso amor escondido nas madrugadas, nas garrafas de cerveja, na tristeza de saber que nunca conhecerá essas manhãs encantadoras de sábados.

•

DA VIDA QUERO O QUE É SIMPLES, MAS DE BOA QUALIDADE

Da vida quero o que é simples, mas de boa qualidade.
Troco um jantar requintado por um arroz-feijão feito em casa refogado com muita cebola, alho e papo furado.

Gosto dos sentimentos simples, mas bem temperados. Do sorriso caseiro com uma pitada de pimenta. Das receitas simples de felicidade, fáceis de decorar, de seguir e de ensinar.

Gosto de um canteiro de afeto cultivado no aparador da janela. Do cheiro acolhedor invadindo a casa e os corações. Das falas fluindo, da risada solta, dos medos guardados do lado de fora da porta de entrada.

Gosto de comer me reconhecendo nos sabores. De lembrar a riqueza que é apreciar sentimentos familiares. Gosto de me sentir em casa dentro de mim quando estou perto do outro.

O que me agrada o palato são os bons assuntos.
O meu castelo é de fantasia, construído dentro da casinha simples do interior. Nele, as paredes não possuem muitos quadros, a cozinha não precisa de muitos apetrechos, os armários não guardam grandes segredos. Mas as janelas são amplas, boas para se perder a vista.

No meu lar não sei receber ilustres visitas, cheias de etiquetas, de pompas e de mistérios. Este lar é 'pobre', porém limpinho. Quem chega descalçando os sapatos é bem-vindo. E também são bem-vindos aqueles que se deixam invadir sem medo, daquele jeito ingênuo de quem nunca percebeu as segundas intenções do mundo. Aqueles que tratam até os estranhos como 'de casa'. E, se preciso, jogo mais água no feijão para fazer render a amizade e a boa companhia.

É que aqui os sentimentos são antigos, talvez até antiquados, cozidos em panela velha. Devem ser resultado de receita de avó.

As tarefas da casa são simples, mas há de se executá-las com carinho. Qualquer frescura pode ser substituída por uma boa dose de afeto. E, no final do dia, uma mão lava a outra.

Às vezes as roupas sujas se acumulam num canto da casa, mas a gente perde um tempo e lava tudo aqui dentro mesmo; no dia seguinte fica tudo às claras outra vez. As mágoas vão para o ralo junto com a espuma do sabão de coco.

Da vida quero o que é simples, mas de boa qualidade. Quero pessoas que trazem o que podem, mas se compartilham por inteiro e, quando se afastam, carregam lembranças bem nutridas e corações satisfeitos.

•

Fazer amor não é um ato, é uma doação

Não faça amor, apenas seja.

Amor não é coisa que se faça, não é uma ação, é um estado de alma. Amor não é algo que se decida e se pratique com a razão, com as mãos hábeis, os corpos performáticos e a alma escondida, adormecida, atrofiada.

O amor se faz quando a gente sai. O amor vem quando a gente deixa de querer trazê-lo, comandá-lo ou evitá-lo. O amor emerge quando a gente fecha os olhos e respira fundo.

Fazer amor não é coisa que se planeje, almeje, deseje.

Sexo não é bunda, peito, vagina, pinto e movimentos. Sexo é entrega, é despir a alma, é energia que transborda e que toma o lugar de tudo: das vergonhas, das diferenças, dos pensamentos, dos medos...

Não prenda ninguém pelo sexo, sexo não é para isso. Não queira seduzir alguém pelo sexo, sexo assim é desperdício. Sexo não é para prender nada, sexo é libertação. Não contenha o choro, o riso, o grito. Não finja mais nem menos. Não queira agir para possuir, não queira se movimentar para dominar, não queira atuar para conquistar.

Me desculpe dizer, mas sexo não é jogo de poder. Egos não deveriam ir para a cama, apenas deuses e deusas, vestidos de energia vital, prontos para um ritual sagrado. A cama deveria ser um canal, um portal, os corpos apenas um instrumento do amor. O quarto deveria ser um barco à deriva nas mentes em silêncio. E o tempo respirando e fluindo, deveria ser desfeito.

Sexo deveria vir do relaxamento, do descansar as almas e deixá-las voar até encontrarem o céu. O quarto não é um palco onde mostramos a nossa manjada dança da sedução que segue as revistas de moda e os vídeos pornôs.

Amor não é coisa que se faça, o amor nos incorpora (ou nos volatiza), o amor nos possui, e não o contrário disso. Ele tem movimentos próprios. Os nossos ritmos mecânicos só constroem outras engrenagens que não têm nada a ver com amor.

O tempo do amor não é o nosso.
O amor não tem que sair correndo para pegar o ônibus, para ir para o trabalho, para prender um namorado, para construir uma família, para comprar um carro. O amor não tem que ser estruturado. Fazer amor não é um ato, é uma doação.

O amor se move na gente vagarosamente. Mas temos que deixar. Temos que respeitar. Temos que cuidar. Cuidar do nosso corpo e o do nosso companheiro. Cuidar do nosso sentimento e o do nosso companheiro.

Fazer amor não é um ato, é uma doação

O amor não exige nada, não julga, não apressa, não repara, não precisa de viagra. O amor acalma. O sexo acalma, renova, exala luz própria de puro sol em nossos corpos lunares. O amor assim transpassa e perfuma toda casa e a vida.

•

Eu não quero nenhum homem comendo na palma da minha mão

Dia desses uma amiga veio me dizer: 'não me leve a mal, você é uma mulher evoluída, que busca tanta coisa bonita, mas às vezes deveria agir com mais razão e estratégia. Por exemplo com homens, você podia dar um gelo, ser dominadora, ativa, altiva, fria, e fazê-los comer na palma da sua mão.'

Eu fiquei pensando: 'é, eu sei, a gente pode ter esse poder, eu até sei ter se eu quiser. Talvez as pessoas precisem dessas encenações para criarem ilusões, para construírem mais uma historinha para encherem as vidas, talvez o ser humano queira suprir o vício de jogos e dramas que todas essas novelas e músicas dor-de-cotovelo implantaram na nossa alma.'

Eu poderia fazer joguinho, dar uma de fria, controlar minhas emoções, não expressar sentimentos e sensações. Eu poderia armar esquemas, traçar planos, não sair do salto, ficar num plano superior. Eu poderia me mostrar sempre linda e equilibrada, poderosa e bem-resolvida. Eu poderia conquistar alguém por tudo isso aí e mais um pouco, por tudo isso que eu sei ser muito bem, mas... não é o que eu realmente sou.

E, só de pensar no 'fria, poderosa e bem-resolvida', só de pensar em não expressar o que eu sinto e expressar o que eu não sinto, só de pensar em medir as mensagens, em ajeitar o cabelo, em veladamente mostrar meu currículo tão bonito de vida, me dá uma preguiça!

Eu que sou a louca, que hoje esqueci a chapinha, que parei de pintar a raiz do cabelo e tive dor de barriga por duas semanas. Eu que ainda choro como criança quando baixa a TPM, eu que às vezes falo mais do que a boca e me empolgo com uma brincadeira a dois, e que outras vezes sou silêncio absoluto, imersa num universo paralelo desconhecido.

Que preguiça eu tenho de por o salto alto se eu sei que vou tropeçar (mesmo no salto alto metafórico), que preguiça eu tenho de ignorar aquilo que me faz acender toda. Que preguiça eu tenho de engolir o choro e a risada, de colocar embaixo do sutiã, do corretivo e das segundas intenções tudo o que eu deveria ter vergonha de mim, ou tudo o que poderia ser escondido para que uma missão fosse cumprida com êxito.

Que preguiça só de pensar em querer fazer qualquer coisa ou pessoa comer na palma da minha mão. E quantas chances boas eu perco por não querer jogar o jogo, entrar na dança? Todas aquelas que num futuro próximo trariam insegurança, e frases do tipo: 'você não gosta de mim, do que eu realmente sou!'

Afinal, tudo o que se esconde, cedo ou tarde vem à tona.

Eu não quero que ninguém coma na minha mão porque eu não quero me apertar para caber numa ilusão.

Vibração e Descompasso

Que a gente coma sim, e de mãos dadas, que a gente coma numa mesa, numa varanda, num piquenique, lado a lado, de almas estiradas ao sol e imperfeições a céu aberto. Que a gente coma com as mãos, com as bocas, com os corpos, desde que haja vontade de comer, desde que seja um na mão do outro, um no corpo do outro, um na alma nua do outro.

Pois, pra falar bem a verdade, essa babaquice toda de conquista já não me fascina faz tempo. E quanta gente fugiu ao ver de perto a minha cara lavada de louca, muita gente mesmo! Já estou até acostumada. Mas o tesouro disso tudo é que quem ainda tem vontade de ficar por perto é quem vale muito, mas muito a pena!

•

Tenho amigos de infância que conheci na vida adulta

Tenho amigos de infância que conheci na vida adulta.

Pessoas que, sem querer, sem receio ou demagogia, apareceram em alguma esquina do meu caminho, me pegaram pela mão e pelo coração e com os olhos cheios de liberdade me convidaram 'vamos brincar!'.

Fiz amigos depois de adulta que parecem me conhecer desde o berço, parecem que me viram crescer, que caminharam ao meu lado por todos esses anos. Compartilhando quedas e conquistas, ideias e planos.

Tenho amigos com quem, apesar de nunca termos morado na mesma cidade, bairro, estado, ou frequentado a mesma escola, aula de inglês ou brincadeiras de rua, tracei caminhos paralelos de vida e aprendizado, e por alguma feliz coincidência nos encontramos e reconhecemos.

Tenho amigos que descobri depois de velha que, inexplicavelmente, sabem completar minhas frases, sentem como se estivessem na minha pele, pensam como se compreendessem profundamente os meus pensamentos. Me conhecem muito mais que minha mãe, meu terapeuta e meu marido. Amigos que me adivinham, que chegaram prontos e inteiros, se encaixando tão bem às dimensões do meu coração.

Fiz amizades na vida adulta que me resgatam a infância. Amizades com gosto de sábado à tarde, castelo de areia, picolé de frutas, acampamento no quintal.

Dividimos os segredos, os medos, as dúvidas, as aventuras. Brincamos, sorrimos, choramos. Conversamos sobre o mundo e suas possibilidades, sobre a amplitude da vida e sobre as pequenas coisas que, tantas vezes, nessa 'adulteza', passam desapercebidas.

Nos encontramos para celebrar a existência.
Nos interessamos mais em saber como vamos aproveitar o dia do que como vamos ganhar a vida.

Tenho a sorte de ser adulta e ter amizades infantis. Daquelas sem formalidades, mas cheias de curiosidades, conversas intermináveis, imaginação solta. Energia que transcende tempos e espaços.

Tenho a sorte de nesta fase 'madura' ter encontrado a textura verde e fresca de uma amizade pura.

•

Porque eu amo e já não quero interromper os ciclos

Amo e já não quero interromper os ciclos, nem os dele nem os meus.

Amo, mas já não quero interferir na vontade do meu olhar, que encontrou horizontes e novas primaveras pela janela, e aqui dentro a gente já não floresce mais juntos.

Amo, mas os meus galhos secaram e não é porque o seu amor é erva daninha, é apenas que somos plantas de diferentes espécies e minhas raízes já consumiram tudo o que guardavam em si mesmas e andam sedentas de renascimento.

Amo mais ainda por ver que seus galhos poderão se esparramar, crescer, frutificar depois que aprenderem a olhar para a solidão sem medo e com grandeza, depois que aprenderem a trilhar suas próprias verdades.

Por te amar, por amar a mim mesma, eu escolho vida pra gente, e a gente já viu que a vida se abre inteira para os corajosos.

Por não saber mais como cultivar minhas flores sozinha e esparramá-las no seu peito, por não querer tirar de mim e doar em vão as minhas belezas, o que eu pensava que de mim era adubo, por sua terra já estar empapuçada de minhas águas e eu ter secado, por eu ter incisivamente tentado evitar as suas estiagens, e assim te preservado menor do que poderia, mais frágil, evitando que você atingisse todo o seu potencial.

Por eu saber que Deus é cíclico e no caminho natural da vida não existem existências feitas apenas de verões e primaveras, por eu saber que o mundo não é uma incubadora e os tropeços desenvolvem asas e almas mais amplas.

Por saber de tudo isso eu vou e eu te deixo.
Porque eu amo e já não quero interromper os ciclos.

Porque amar é deixar fluir. E porque eu acredito que é isso que a vida nos pede e oferece. E eu sei que quando viermos a florescer novamente, em nossos bosques estrangeiros, poderemos oferecer ao mundo muito mais do que agora, porque a gente não vai mais dar partes da gente até encontrar o esgotamento de novo. A gente vai ceder a luz que nos sobra e o ensinamento de nossas flores, a gente vai servir de amor e espelho para que outras almas tenham também coragem de aprender a voar na hora que a vida pede que saiam do ninho.

Porque a gente vai se reconectar com a natureza do amor e não com o medo da perda.

Amar é saber que a gente floresce espontaneamente e não porque encontramos um ao outro. Florescemos e ponto.
Amar é dar espaço para que o outro encontre a plenitude de suas primaveras.
Amar é não interferir nos processos.

E quando eu te ver voando, robusto e lindo, nada mais precisará fazer sentido.

•

Ela anda pela vida sem narrador

Ela anda pela vida sem narrador, abrindo histórias com seus passos incertos, com olhares distraídos, com o corpo querendo decidir mais do que a cabeça.

Gosta de idealizar o futuro como tela em branco, a vida como uma paleta de cores, e ela nunca sabe se vai preferir o amarelo ou o roxo, as luzes e sombras ou o delineado.

As escolhas vêm de um respirar depois do primeiro café e são tomadas de supetão como um movimento involuntário da alma.

Não que tudo seja aleatório, não que tudo seja o que ela quer, não que a vida seja massa submissa a essa mulher, mas é justamente por saber disso, das incertezas e da dança solta do tempo, que ela relaxa os ombros, sente o dia e vai brincando com o que vier e vai desenhando com o que tiver às voltas de sua possibilidade de viver e sentir.

Talvez tenha sido sem querer que ela tirou da vida a necessidade de se amparar num destino onisciente, por sentir que a história é escrita nos próprios passos, nos próprios pensamentos e todo *flashforward* é sonho e de todo modo a vida já é tão boa agora – cheia de tramas, mistérios, dramas, comédias, clímax, desfechos, nascimentos... –. Para que se preocupar em criar um futuro sublime se todo 'feliz para sempre' significa morte?

Para que querer idealizar uma ilha onde tudo será pleno, onde haverá calmaria, se plenitude na verdade é o próprio movimento harmônico entre dilúvios e céus abertos?

Ela anda flutuando sobre o determinismo, gostando de deixar o dia ser um mistério, um presente sempre novo a ser descoberto, carregando um saco de 'não sei!' para as perguntas sobre os seus próximos passos, levando também o resultado das páginas vividas no coração na forma de aprendizado e agindo de improviso toda vez que se depara com caminhos apaixonadamente desconhecidos.

•

SE FOR AMAR, NÃO COBRE NEM ESPERE RECOMPENSAS.
VOE!

Se for amar, ame na presença, derrame-se no instante, não espere recompensas, não projete planos em outra alma, não cobre na mesma moeda, não ostente mais do que o momento.

Se quiser, faça um belo café da manhã e ofereça para o seu bem. Se quiser, ouça o que ele tem para contar. Se quiser, cuide, beije, presenteie, passeie, curta, aproxime-se. Se quiser, receba o choro, o silêncio, os desencontros, a tristeza.

Se quiser fique perto, fique dentro de um amor, fique na sintonia bonita que tocou seu coração. Fique o tempo que quiser, à vontade, sem pressa, intensamente sentindo.

Se quiser se entregue. Entre de cabeça nisso que lhe invade a alma, deixe que afete seus sentidos, deixe que se quebre o controle. Se quiser se jogue no precipício. Ame. Caia. Voe.

Se for amar, faça o que quiser, dê o que quiser, ofereça-se o quanto quiser. Mas não cobre nada! Não espere nada, não calcule as dívidas, não equilibre os sentimentos dados e não recebidos. Não se sinta em prejuízo. Não dê nem um simples sorriso buscando amarrar uma alma, buscando aprisionar uma realidade.

Não faça o café da manhã para outra pessoa, se amanhã você sentir que investiu e não recebeu, que cuidou e não conquistou, que ofereceu o mundo e viu no outro ser os olhos inflados de liberdade.

Não faça o café da manhã, se amanhã você for a vítima do seu próprio sentimento. Se a atitude não foi gratuita, se não foi apenas para celebrar o momento. Se foi pensando em merecer atenção, se foi querendo chantagear e criar culpa.

Não faça nada se por trás do ato houver um jogo de poder querendo controlar e fazer do outro propriedade da sua insegurança. Não faça promessas e não as espere serem feitas.

Você pode se compartilhar, você pode compartilhar seu amor, sua felicidade. Você pode fazer o café da manhã com gratuidade e desprendimento. Você pode entregar-se inteiramente àquele momento. Você pode receber um sorriso e ficar feliz com isso, e nutrir-se do que dois corpos e almas sem segundas ou terceiras intenções são capazes de produzir juntos.

Você pode fazer a eternidade durar alguns minutos. Você pode aprender a amar o passageiro, aprender a se desapegar do medo de não ter, de não viver mais, de não possuir. Curtir as visitas que surgem como beija-flores pousando na floreira de sua janela.

Deixar as delicadas surpresas ornamentarem a sua rotina sem aventuras.

Você pode amar, enfim, sozinho ou acompanhado, gratuitamente, livremente, sem medos e sem cuidados. Amar sem escravizar e querer ser escravizado.

SE FOR AMAR, NÃO COBRE NEM ESPERE RECOMPENSAS. VOE!

Perder o medo da chuva e aprender o segredo da vida.

Vem, segura a sua xícara de café fresco enquanto eu seguro a minha. Senta ao meu lado na varanda, respira sem pensar em nada. Somos apenas duas crianças brincando sem culpa.

•

SE VOCÊ QUER VIVER SUA VERDADE, APENAS CUIDE-SE E RELAXE. CONFIE!

Se você quer viver a verdade na vida, a sua verdade, não deveria se importar muito em querer saber o que vai surgir pra você depois daquela esquina, aquela curva que você ainda não consegue ver e entender.

Não adianta se preocupar em prever, não adianta agir tentando moldar situações, pessoas, sentimentos... Tudo tem o seu jeito e momento. Também não adianta se prevenir demais. O que vale sim é se cuidar, de si mesmo e do seu entorno. O que vale é encarar os medos, olhá-los nos olhos e ver quão pequenos e tolos na verdade eles são, fundamentados em ilusões de controle, apoiados em estruturas sólidas que não existem nessa vida. Tudo é efêmero e movimento, o universo tem um ritmo que a gente desconhece.

Se você quer viver sua verdade, apenas cuide-se e relaxe. Confie!

O que surgir pra você será um presente bom, porque quando a gente quer o que é de verdade e se abre para isso, o que nos chega é cristalino. Talvez seja diferente dos seus planos, dos seus ideais, dos ideais do mundo, dos sonhos concretos que insuflaram no seu peito e você nem sabe mesmo se são seus.

Mas quando a gente confia e se abre para a verdade, o universo conspira a nosso favor. Então, talvez pessoas que a gente não imaginava vão embora, sentimentos que pareciam fortes volatizem no ar, estruturas grandes desmoronem, talvez nasça uma flor em um cantinho que você nem costumava olhar. Talvez surjam coisas pra você que você nem imaginava. Então deixe de dar tanto peso e importância às suas expectativas. Deixe de valorizar tanto pessoas e coisas.

Valorize a sua presença, o seu estar no mundo, o seu dia.

Se você deu o seu melhor, é isso que vale. Se coisas se afastam é porque não entrariam confortavelmente na sua dança, no seu momento de alma. E que dor seria viver, investir energias num evento, num sentimento, numa pessoa que não faz parte naturalmente do seu caminho! Você só pode ser sua verdade e seguir em frente, e continuar andando com seus passos.

Pare sim, às vezes, para admirar as paisagens, acampe um pouco num momento se for o caso, mas não se apegue, ande; seu lar de amor vai junto com você.

Que as mãos dadas que possam surgir venham espontaneamente e voem quando quiserem, ou parem um pouco para olhar os próprios medos. Mas você não precisa entrar junto, continue no seu próprio rumo.

Relaxado e em paz. Confie.

Que tudo é surpresa e verdade em cada passo que você der.

•

A PETECA CAIU, O LEITE COALHOU, O CORAÇÃO DESCOMPASSOU

Ouço muito por aí: 'não vá deixar a peteca cair!'
'Nessa vida tem que ter jogo de cintura, não pode perder o rebolado, nem descer do salto.'

Não deu certo (um namoro, um emprego, um alvo) parta para outra, rapidinho!
Se deu mal num caminho, nem pense, vá logo buscar outro. Afinal, a vida é muito curta para estar parado, mal-amado, solitário e desempregado.

Arranja logo um 'substituto', o quanto antes, ponha logo na mira o plano B. Aliás, tenha sempre um plano B! (que muitas vezes é muito parecido com o A, mas mudam os protagonistas, os coadjuvantes e o cenário. Às vezes o plano B é simplesmente viver a mesma vida em outra cidade, país, terreno. Se você for o mesmo, seu plano B é apenas um plano A disfarçado).

Mas não importa! A ideia é não parar, nessa vida a gente não pode parar! Para ser feliz e importante, tem que estar ativo. Por isso mantenha-se ligado, mantenha-se amado e amável, mantenha-se amando, querendo, desejando, mantenha a postura, o gingado e o nariz levantado.

É o que dizem por aí. Mas aí a vida diz 'corra!', e lá no fundo do seu coração há um pulsar mais fraco, de velhinha querendo cama, mesmo que solitária. Há uma respiração frouxa, um cansaço desse andar desenfreado, há um ritmo que descompassou e pede quietude. Há uma vontade, bem lá no fundo, de não resolver nada agora, nessa hora de desencontros, derrotas e abandonos. Há uma vontade de sair da dança para pegar um pouco de fôlego nas margens da vida.

Acabou a energia pulsante, não há lágrimas nem vontades. Os sentimentos estão desérticos, a alma não quer renascer agora, esta alma que já teve algumas primaveras este ano. Agora está hibernando. Deixe ela quieta! Parar não é morrer, não é vegetar, muitas vezes é apenas meditar, respirar fundo, entender para voltar feito borboleta: voando leve e mais colorida ainda.

Não deixar a peteca cair, emendar um voo no outro, desdobrar o plano B antes mesmo que o A tenha se findado, pode significar uma queda mais vertical no final. Pode significar que nasça uma borboleta de uma asa só.

Há um tempo de maturação entre um final e um começo.

Por isso, deixe sim a peteca cair, descompasse, fique na cama no sábado à noite, não faça as malas ainda. Pode ficar um tempo 'fechado para balanço', organizando o estoque dos sentimentos ou apenas respirando, sentado na encruzilhada de um mundo absurdo que não para de te pedir tudo quando você já não pode oferecer nada. Não ainda.

•

POESIA ME SUSTENTA O VOO NUM MUNDO DE PÉS NO CHÃO

Outro dia me perguntaram: 'você ainda acredita em poesia?'
Olhei nos olhos sarcásticos do indagador e respondi:
'pois é... o que é um poema frente às eleições norte-americanas?
E o que está ao alcance de minhas mãos além de uma flor?
A que distância pode chegar meu grito que seja mais impactante que a profundidade de um beijo?
Que bandeira eu poderia erguer que fosse mais significativa que um abraço?'

Na balança de medir importâncias, eu saio da fila e escrevo um verso ao acaso.
No silêncio dos olhares, encontro lados humanos.
O que eu poderia fazer a não ser olhar e desver?
Cegar para as indelicadezas, chover e multiplicar o amor que me chega, deitar no conforto de um colo, fugir das metralhadoras de mágoa e ódio.

Alienada deste mundo para construir outro.

Enquanto querem destruir todo o nosso entorno, eu vou com um arco-íris na sola dos pés, missionária do amor e da liberdade, ou daquilo que flutua sem regras.

......

Surgiu um pé de tomate no canteiro de alface, inesperado e bem-vindo, foi por excesso de cuidado com a terra, foi pela abundância de adubo.

Nasceram plantinhas repentinas no chão, deixa.
Que cresça o desconhecido.

Sigo alienada dos fatos para construir sonhos.
Despreocupada do futuro para capturar momentos.
Desocupada das grandiosidades para embaraçar-me em delicadezas.
Surda das grandes falas e resoluções para ter empatia com os olhares indefesos.
Sem entender bem as agitações econômicas, mas sentindo os corações injustiçados.

Bem antes que se atreva o medo a entrar em minhas veias, volatilizei meus sentimentos.

Poesia me sustenta o voo num mundo de pés no chão.

A SOLIDÃO É O MEU MOMENTO DE RECARREGO

Às vezes tudo o que eu preciso é de mim mesma.

Dou muito valor aos momentos em que eu consigo estar sozinha, no meu canto, no meu ritmo, quieta, desconectada. Acompanhada de um livro, um café fresco, um chinelo velho...

Depois de uma semana corrida, de tanta gente falando, de tantas impressões de mundo, de tanto barulho dos carros, das ruas, dos bares, das notícias nas televisões e das mensagens no celular, é tão importante parar, acordar devagar, sem olhar a hora, os e-mails, a agenda.

Tão renovador deixar o meu corpo comandar o dia quando os pensamentos finalmente me dão um pouco de sossego e eu me permito respirar, comer devagar, dormir muito se precisar, cuidar do gato, tomar um banho longo, sentar na varanda com uma xícara de chá.

Eu gosto de ouvir o silêncio, de não estar em nenhum outro lugar a não ser neste momento, de não fazer nada e não pensar em nada, de não me afobar por querer da vida mais do que apenas isso mesmo.

Eu gosto de colocar as roupas para lavar, de podar as plantas e colher amoras, de fazer um almoço criativo com as sobras da geladeira, de entrar no mundo da imaginação e escrever uma estória.

Eu gosto de esquecer as horas, e quando vejo o dia foi embora, o dia passou como uma nuvem leve e levou com ele todo o sobrecarrego, todos os entendimentos de mundo, o que os outros pensam, e ficou aqui dentro apenas eu mesma.

Sozinha eu me curo, eu me desintoxico, eu me recarrego, eu me esqueço do resto, eu ganho meu tempo com linhas de livros e não conversas sem sentido, eu me resgato, encontro o melhor de mim e aí, então, volto a sentir prazer em me compartilhar com o mundo.

•

Eu gosto de te adivinhar

De que lado da cama você dorme? Quando você chora? O que te faz sorrir? Onde mora sua paz? Qual a parte do seu corpo que mais sente cócegas? Qual é o sonho que mais te visita? Você prefere a noite ou o dia? Areia ou terra? Café ou chá? Cerveja ou vinho? O que você faz num domingo à tarde? Qual é o seu medo que de tão grande fica num cantinho esquecido do seu pensamento? O que te orgulha nesta vida? O que te dá sentido? O que te faz vibrar? O que te faz bocejar? O que te causa revolta? O que você já aprendeu vivendo? O que o sofrimento lhe trouxe? E a ternura? E a alegria? Quem é a pessoa que te habita quando fica sozinho? E a pessoa social? Você é sociável? Gosta de crianças? E de bichos? Gosta de cachoeira? E de mar? Gosta de cidade grande? E de viajar? Gosta do silêncio? E de falar? Tem um amuleto? Tem um orixá? Tem o corpo fechado? Tem o coração pronto para amar? Nasceu há quantos anos? Em que dia? Qual é o seu signo? E o ascendente? Acredita em vidente? E em Deus? É ateu? Agnóstico? Budista? Filósofo? Humanista? Tem fé em quê? O que te faz sentir? O que te faz partir? E querer ficar? Em que se pautam as suas escolhas na vida? Você luta? Ou deixar estar? Como você dorme? Se esparrama na cama ou se comprime? Nu ou vestido? Acompanhado ou sozinho? O que faz seus olhos brilharem? Qual é o caminho do seu coração? É pelo estômago? É pelo sorriso? É pela magia de uma história sem sentido? Qual é o seu tipo de sangue? Com qual mão você escreve? Prefere papel e caneta ou teclado? Gosta de tecnologia? De bicicleta? Qual música te desperta? E que te faz cantar? Você canta? Você fala? Você sorri? Você existe mesmo? Não foi uma alucinação? Você acredita em destino?

E em acasos? E em milagres? Confia na vida? Ou no livre arbítrio? Você é real? Ou foi inventado?

Shh, não responda... Eu não me importo muito com tudo isso, por enquanto só me interessa sentir o encaixe do seu abraço, respirar o conforto de sua companhia, encontrar um brilho familiar no seu olhar.

Por enquanto não me interessa saber qual é o número do seu sapato, se você me deixar seguir seus passos numa tarde dessas feita para se perder, não precisa me dizer qual é o seu signo, seu time, seu tipo sanguíneo, mas eu gostaria de conhecer mais de perto a textura de sua pele e sentir o timbre de sua voz quando chega assim perto do ouvido. E, quem sabe, averiguar com cuidado a palma da sua mão, para ver se eu caberia bem nela.

Não quero saber da sua história de vida, dos seus planos para o futuro, dos seus caminhos, mas ficaria feliz de ouvir você narrar o seu sonho da noite passada, me falar do seu doce predileto e descrever um dia da sua infância.
Não quero te delinear, quero te sentir. Quero te intuir.

Eu gosto de adivinhar. Eu gosto desse conhecimento pré-conhecimento. Do olhar inaugural.

Meus sentidos entendem mais que a minha razão. Te reconheço pelos dedos, te encontro pelo cheiro. Pelo beijo te desenho um corpo de amor.

No descompasso da respiração, na paralisação do tempo. Quero experimentar as cores desse dia desconhecido. E me encontrar de repente perdida em seus vales.

E então, só então, perceber, quase sem querer, de que lado da cama você dorme.

•

NÃO QUERO CABER NO SONHO DE NINGUÉM, QUERO APENAS VIVER OS DESAJUSTES DO MEU CORAÇÃO

Um dia você percebe que é sim possível criar uma vida aparentemente perfeita. Concretizar os roteiros das propagandas de margarina. É possível seguir convenções de felicidade, ser a mulher boa mãe, bem-sucedida, viajada, acompanhada do príncipe encantado, porta-retrato das colunas sociais.

Mas um dia você percebe que começou cedo a corrida para conquistar tudo o que precisava, querendo sempre mais, almejando o topo, e percebe que nunca pôde se dar um tempo mais quieto, mais sereno, para ouvir o que fala o seu profundo, o que quer seu coração.

E se a vida te desse a chance de estar sozinha por uns dias, num lugar afastado e só seu em que você, sem se preocupar com obrigações, deveres, culpas e medos, conseguisse sentir apenas o que você quer? Se você tivesse uns dias só para você, como escolheria aproveitá-los? Como seria viver?

Acordaria e faria um café? Ficaria mais umas horas na cama? Leria um livro na varanda? Cantaria alto? Andaria nua? Dormiria cedo, assistindo filme no sofá?
Se o mundo não existisse, quem seria você?

Antes de ser a mulher, a mãe, a profissional, a que gosta de prender os cabelos, de passar esmalte vermelho e usar sapatilha preta (ou o contrário de tudo isso)...

E se você percebesse que seu destino, aquele que está aí dentro, é mais caótico, sensível, curvilíneo do que você estava tentando construir?

O que diz sua intuição?

Aquele sentimento que aparece antes de pensar em dinheiro, em problemas, nas vontades do ego, nas comparações sociais, nas conquistas ainda não cumpridas.

Quem é essa mulher aí, com sonhos próprios, livre no sentir, que sabe deixar os sentimentos transbordarem, que se dá a liberdade de quebrar molduras para caber melhor em si mesma? Respira aliviada ao esticar as próprias asas.

E percebe que o mundo não está nas suas mãos, que liberdade mesmo é aceitar-se inteira, imperfeita e que isso não deveria machucar ninguém: nem os outros, nem a você mesma.

É tão renovador quando a gente se permite não ter que cumprir os sonhos de ninguém e começa a viver a própria vida, por mais atabalhoada que possa parecer.

Porque nada mais apertado do que os sapatinhos de cristal, nada mais restrito do que enquadrar o destino numa moldura pré-fabricada e nada mais chato do que agir na vida como personagem dos olhares dos outros.

NÃO QUERO CABER NO SONHO DE NINGUÉM, QUERO APENAS VIVER OS DESAJUSTES
DO MEU CORAÇÃO

Então seja a mulher do lar, do bar, do mundo, recatada, expansiva, inquieta, nua, maquiada, bela, feia, descabelada... A mulher que você quiser, desde que seja você.

É COMO QUERER ENGAIOLAR UM PÁSSARO DEPOIS DE TER NOS APAIXONADO PELO QUE NELE ERA VOO

Tenho percebido que a maior liberdade que podemos atingir não vem de uma ação, vem de uma transformação interna de deixar-se ser e sentir.

Deixar os sentimentos fluírem em nós sem medos, sem orgulhos, sem limites.

E sentimento é diferente de emoção.

Emoção é impulso, pede ação. Emoção é reação instintiva, irracional, é fogo de palha, queima rápido, alto, forte e logo apaga.

Sentimento é leveza, é amor, é sopro de vida.
É fogo azul, forte, antigo, constante. Aquece corações e perdura no tempo.

Emoção muitas vezes é ácida.
Sentimento tem PH neutro.

Tenho percebido que liberdade é deixar os sentimentos acontecerem. E eles têm uma dança própria, um ritmo diferente dos moldes do pensamento. A cabeça quer organizar, explicar, definir, julgar, limitar. O sentimento quer fluir.
Sentimentos não obedecem às regras do mundo.

A gente finge que sim, mas sentimentos não conhecem fronteiras.

É COMO QUERER ENGAIOLAR UM PÁSSARO DEPOIS DE TER NOS APAIXONADO PELO QUE NELE ERA VOO

Eles não escolhem seguir os caminhos mais seguros e convenientes.

O ego quer torná-los concretos, mas sentimentos são pura abstração. Pensamos que ao definir um sentimento poderemos controlá-lo. E queremos controlar os sentimentos porque temos medo de que eles deflagrem as nossas fraquezas e vulnerabilidades e sejam maiores que nós.

É como capturar um pássaro para possuí-lo depois de termos nos apaixonado pelo que nele era voo.

Mas e se, ao invés de nomearmos, definirmos e limitarmos os sentimentos, nós aprendêssemos a deixá-los transbordar por nossos poros?

E se, ao invés de segurarmos um pássaro com as mãos, aceitarmos que ele é belo e bom justamente porque voa?

E se percebermos que o único jeito verdadeiro de amar é deixando o amor existir, simplesmente?

Acho que ao abrirmos as gaiolas da alma, vamos perceber que um amor não termina quando o outro começa, que um sentimento não morre quando a pessoa não está mais fisicamente presente, que um sentimento não nasce só quando o terreno é favorável para isso.

Sentimentos são de dentro para fora, se expandem e povoam diferentes lugares ao mesmo tempo, independentemente de haver espaço, contato ou permissão. Sentimentos têm raízes em si mesmos.

E que perigo há nisso de se deixar amar e sentir?

Talvez uma lágrima caia em público, um sorriso surja do nada, uma vontade de juntar as mãos do que o mundo definiu como antagonismos. Mas é isso. A coragem é essa.

Nomear e reprimir o que dentro de nós grita é colocar barreiras num rio. Rio que só queria ser doce, que só queria ser ele mesmo e que, de tanto ter sido contido, extravasou todos os limites.

•

O AMOR NÃO É LINDO

O amor não é lindo.
O amor pode ser bobo, engraçado, confortável, amigo, familiar, humano, chato, dramático.
Mas o amor não é lindo.

Talvez o pré-amor seja bonito, instigante, misterioso, encantador. Talvez o nascimento do amor seja lindo. A explosão de uma energia bela, grande, a magia do sentimento recíproco, a descoberta um do outro, o encontro de químicas.

Mas, ao caminhar, tantos outros predicados se aglutinam ao amor que ele se torna outro, talvez grande, talvez forte, mas não lindo.

No amor cotidiano, o frio na barriga é substituído pela segurança de um ombro amigo. Os beijos apaixonados, pelos carinhos afetuosos. O jogo da conquista, pelos hábitos.

O que coloca cor nos dias não é mais a descoberta um do outro, o tesão à flor da pele, o amor diário se equilibra na leveza, na ternura, nas conversas, na habilidade em manter acesa a chama. Nas individualidades preservadas e partilhadas.

Compartilha-se contas, problemas, dores de cabeça, mau hálito, olheiras, neuroses, vícios, gripes e TPMs mas também compartilha-se companheirismo, mãos dadas, amizade, taças de vinho, ideias, empreitadas, férias malucas, planos, caretas, piadas, corpos cansados, inícios de dietas, descobertas, séries de TV favoritas, livros, rasteiras, corridas na rua, cabelos brancos, segredos, eventos chatos, comidas preferidas, camisetas velhas, banheiros, camas, silêncios.

A magia do amor acaba, mas fica a beleza do caos. Fica o amor imperfeito.

A gente percebe que o encantamento é efêmero, mas as louças sujas são eternas. O último iogurte na geladeira desaparece, mas a lembrança do primeiro beijo e do primeiro olhar permanece.

O amor cotidiano aprende a criar as próprias leis em uma selva chamada casa, desenvolve-se uma linguagem própria feita de sons (às vezes de bichos), de frases pela metade, de olhares que dizem textos inteiros, de silêncios que gritam, de corpos que se denunciam.

O amor é quase uma transmutação genética, misturam-se e adaptam-se os cheiros, os temperos, os jeitos, os pensamentos, as células, as contas bancarias, as agendas, os gostos, as partes do corpo.

Amar é cortar as unhas do pé do companheiro, espremer uma espinha nas costas alheia, é aprender a ler pensamentos, dialogar até nos sonhos, ter ideias ao mesmo tempo. É viver um pouco num segundo corpo. É cuidar e se deixar cuidar. É opinar na roupa, na redação, no trabalho, no corte de cabelo. É aprender a mentir de vez em quando, tudo para não desencadear brigas desgastantes e que pouco importam.

Por essas e outras é que eu digo que o amor não é lindo, pelo menos não no sentido romântico do termo. Mas no sentido pós-moderno, talvez o amor seja a mais alta expressão do belo.

Começo, meio e fim: quem foi que disse que a vida é assim?

Acho estranho quem nunca desiste, nunca muda, nunca erra. Quem nunca se permite dar voltas na vida. Não volta atrás em uma decisão. Quem não rebobina um filme ou não dá um passo maior do que a perna e assim aprende a voar.

Estranho é quem acha que a vida é sempre em frente e em linha reta. Começo, meio e fim. Quem foi que disse que a vida é assim?

Estranho é quem tem certeza de tudo, já nasceu sabendo, tem um planejamento arquitetônico da vida, cada centímetro no seu lugar.

Estranho é quem não troca o certo pelo duvidoso e o duvidoso pelo certo. Quem não cai de paraquedas numa história, quem não tropeça e quem não aprende a levantar, quem não encontra desvios no caminho. Quem não se perde para se encontrar. Quem não escuta o coração.

Estranho é quem não inclui um subcapítulo no roteiro da vida e não muda totalmente a própria história. Estranho é quem não titubeia. É quem não rasura os traços do destino com desenhos do acaso. Estranho é quem não muda o filme quando sente que não pode mais engolir as mesmas falas. E quem não repete muitas vezes a mesma história quando ainda se encanta com ela.

Estranho é quem não entende que a vida é balanço e não sabe que o vento que guia a nossa natureza humana é rebelde, vezes levando longe, vezes descabelando, vezes girando em torno de si mesmo.

Estranho é quem não percebeu que a vida não tem GPS e que as setas indicam para todos os lados porque, na bússola do coração, o norte varia de acordo com a umidade do (am)ar.

Estranho é quem não aceita a nossa inerente inconstância humana.

Estranho é quem segue a boiada sem nunca questionar. Quem acha tudo normal. Quem não experimenta, nem que seja em pensamento, viver na pele de outra pessoa. Estranho é quem não quer se testar, quem não tem abertura para ouvir, expressar, tentar entender, mudar de opinião, em busca de desenvolver nesta vida o melhor de si mesmo, o melhor que pode ser, o mais longe que se pode chegar enquanto pessoa, enquanto ser humano.

Estranho é quem tem medo de mudanças, mas não tem medo de estagnar. Não tem medo de ver a vida passar pela janela. Quem não se usa para evoluir. Quem não deixa de lado o que não interessa, quem perde tempo com o que atrasa e amarga. Estranho é quem é mais autoritário do que amoroso consigo mesmo, com a vida e com os outros.

Estranho é quem se abandona nos dias e chama isso de viver.

·

A GENTE FORMOU GANGUE

Quando encontrei aquele menino levado não deu outra, a gente formou gangue.

E tudo que eu tinha aprendido foi pro buraco. Já não cruzava as pernas, comia de boca aberta, fazia xixi no mato, ria das caras de missa, perdia o fôlego nas piadas, corria no supermercado. Andava de cavalinho, dava rasteira, bebia no bico da garrafa, nadava na fonte da praça, fumava.

Corria até cair de tanto dar risada. Acordava com trote na cara e confabulava diabolicamente um plano de vingança.

Gargalhava quando ele se dava mal, mas a gente era parceiro de andar torto na vida.

Quando deixei aquele menino, ele me disse que foi o trote mais bem dado, ficou perdido e com cara de trouxa, quieto e encantoado.

Eu disse 'foi mal, mas desse jeito, nessa vida, a gente não vai pra frente'.

Agora estamos esperando a próxima (vida), em que a gente possa andar de lado, pra trás, de qualquer jeito, para o que der e vier.

Quem nunca precisou, pelo menos uma vez na vida, lavar a alma?

Quem nunca sentiu uma necessidade iminente de dar uma guinada, chutar o pau da barraca, fazer as malas, colocar a casa de cabeça pra baixo?

Quem nunca precisou dar um grande passo, às vezes até maior do que a perna, para iniciar uma fase de mudança que já não podia mais ser evitada?

Quem nunca levantou a poeira, desestabilizou sentimentos velhos que estavam incrustrados nas paredes do coração, fez uma faxina geral, olhou nos olhos de uma dor, de uma história mal vivida, mal resolvida, separou o que vai para a rua, o que vai para o lixo reciclável e o que realmente fica?

Quem nunca resolveu doar para a campanha do agasalho sentimentos que estavam jogados no armário?

Para mim, lavar a alma significa ter a consciência e a coragem de se desapegar de sentimentos que às vezes até são fortes e intensos, mas estão há tempos estagnados, causando mais angústias do que alegrias, trazendo mais problemas do que soluções, criando desconforto, frustração e atolando nosso coração de tal forma que impedem a entrada de novas luzes e energias mais leves e mais prósperas.

Pode ser que para lavar a alma você precise de um ombro amigo, de um pacote de lenços de papel, de uma chuva ou uma cerveja gelada, de uma conversa franca consigo mesma, de uma viagem longa de ônibus, de viver outra paixão (não necessariamente com uma pessoa).

Pode ser que você precise de uma caneta e um papel, uma barraca de camping, de uma cachoeira, um feriado prolongado e muitas horas de sono, uma rotina de caminhada, uma nova empreitada, uma repaginada no visual.

Pode ser que você precise aprender novos conceitos, aceitar que a solidão também é boa e bonita, que nunca é tarde para recomeços; pode ser que você se lembre daquele velho sonho de vida e finalmente comece a brincar com ele.

Pode ser que lavar a alma demande paciência, não é de um dia para o outro que nosso corpo se desimpregna daquilo que nosso pensamento considerava tão forte e vital. Pode ser que você tenha crises de abstinências e recaídas e que precise se perdoar muitas vezes, mas também ter vontade de seguir em frente.

Pode ser que para lavar a alma você precise ouvir mais a sua intuição do que as verdades do mundo.

Mas, tenho certeza, que uma bela lavada na alma descortina realidades mais bonitas.

E quando, finalmente, você estiver com a alma limpinha em folha, espero que não tenha medo de se sujar, espero que tenha vontade de se abrir para o que a vida oferece, e entre na dança de novo.

Espero que entenda que tudo o que aparece no nosso caminho é bom, serve para o nosso crescimento ou para a nossa satisfação.

·

O ANO QUE EXIGIU DA GENTE CORAGEM

2016, eu não sei que dança maluca de astros foi essa, mas é fato que 10 de 10 pessoas para quem eu pergunto como foi o ano, respondem algo como: tenso, denso, intenso.

Parece que nesse ano a vida pegou pesado com a gente, exigindo aprendizados e evoluções, pedindo que cumpríssemos lições antigas, que entendéssemos um pouco melhor nossa missão, que fechássemos ciclos e nos reinventássemos.

Aqueles velhos desafios, aquelas provas que a gente deixava pra depois, aquele contato com o nosso profundo que não ousávamos ter, desculpando-nos com a falta de tempo e com o acúmulo das tarefas importantes da vida, neste ano não tivemos como prorrogar mais. A vida foi incisiva: evolua logo pessoa de Deus! Agora é a sua verdade ou o mundo te atropelando.

Ano que exigiu da gente coragem: os mais humildes tiveram que aprender a impor limites, a falar não, a amar mais a si próprios, a expressar opiniões, a mostrar a voz.

Como nunca, o mundo precisou ouvir os que têm a alma mais serena e andaram se escondendo nas sombras dos grandes egos.

Também exigiu coragem dos mais vaidosos e imodestos: esses tiveram que aprender a ouvir, a flexibilizar suas verdades, a ver que tudo é relativo.

A vida deu tantas chances, muitas vezes nada fáceis, mas as possibilidades de crescimento estavam aí. Muita gente empacou no espaço sem forma entre as mortes de hábitos e personalidades e o renascimento de si mesmo. Mas a vida estava aí disposta a ajudar nessa evolução, pelo amor ou pela dor. Algumas pessoas tiveram coragem de atravessar os próprios desafios.

Ano de tantos lutos esse, de fechamento de ciclos. Feliz de quem, apesar das lutas, das dores, das mudanças inevitáveis e difíceis, escolheu sair do casulo e borboletar-se, e experimentar as novas asas. Feliz de quem se descobriu, despiu e libertou. Feliz de quem perdeu um pouco a noção do próprio umbigo e desenvolveu um olhar mais consciente para o íntimo.

2016 nos pediu para sermos rápidos, foi curso intensivo sem férias, foi o agora ou nunca pra tanta coisa.

O universo político deu tantas voltas e reviravoltas, e teve gente que começou a perceber que, antes de revolucionar o mundo, precisamos revolucionar a nós mesmos. A micropolítica despontou mais forte, as atuações nos pequenos grupos, como cidadãos, como entidades dividindo este planeta com tantos outros seres, como a importância de olhar para fora da própria bolha de proteção e fazer o que se pode no seu metro quadrado de existência.

Foi o ano do salve-se quem puder, e quem sacou que primeiro deve-se colocar a máscara de oxigênio em si mesmo pôde ajudar melhor o próximo, quem aprendeu a autoconectar-se e parou com a corrente elétrica de sugação energética termina o ano de alma lavada.

Quem parou de buscar no outro e no mundo complementos para o próprio vazio e percebeu que as fontes são internas evoluiu.

2016 foi um ano de passagem, foi escuro, mas, com o vislumbre da luz no fim do túnel, teve gente que preferiu parar no meio do caminho, fechar os olhos e se agarrar nas paredes daquilo que já não é mais. Outros, no entanto, estão colhendo os frutos de suas coragens, acompanhando a dança de um mundo que se transforma por completo.

Ano do desapego, que gerou grandes dores, mas também grandes libertações, porque nos empurrou mais pra perto da nossa própria verdade essencial.

•

Eu não quero ser a sua metade, porque eu quero a multiplicidade de dois universos se encontrando

Eu não quero ser a substituta dos seus sonhos perdidos, a adivinha dos seus vales proibidos, a mãe que preenche com amor e carinho os seus vazios existenciais.

Eu não quero ser a que traz sentido para a sua vida, a professora que pega na sua mão e te ensina a colorir os dias. Eu não quero ser o travesseiro confortável onde você pode deitar e finalmente descansar o peso das coisas que você ainda não conquistou.

Eu não quero ser a sua metade, algo que te completa, que você não pode viver sem. Porque eu quero a multiplicidade de dois universos se encontrando.

Eu não quero ser a boia para os seus constantes momentos de afogamento. Eu não quero ser a ativista, a idealista, a apaixonada pela causa de conseguir gerar luz em seus olhos. Eu não quero me vangloriar por milagres tão difíceis de alcançar.

Eu não quero mais segurar nas minhas mãos essa marreta de destruir pedras cristalizadas em volta dos corações. Eu não quero ser a médica especialista em desfibrilador. Eu não quero massagear o seu ego, e destruí-lo é um risco e um caminho longo; eu já me acompanho nisso, não quero acompanhar você também.

Eu não quero atrasar meus horizontes só pelo orgulho de ver aonde você poderia chegar se decidisse se abrir e eu decidisse ficar.

Eu não quero me desgastar para tentar te fortalecer.

Eu não posso adotar mendigos viciados em se suprir da energia alheia.

Eu não quero ser o curativo para a sua falta de cuidado consigo mesmo, a muleta amparando os seus medos de voo, o chá de camomila aliviando as suas noites sem sono.

Eu não posso ser o falso alívio para o seu caminho evolutivo.
Eu não quero estar acessível toda vez que você não souber o que fazer consigo mesmo. Eu não posso vestir suas pernas, te insuflar sonhos, te resgatar da cegueira, te pegar no colo.

Eu não posso passar a mão na sua cabeça e fingir que a vida é assim, que eu estarei sempre aqui. Eu não posso te estragar, me atrasar, eu não posso ficar.

Eu não quero que a minha vida seja a missão de fazer a sua vida melhor.

Eu não quero ter a responsabilidade de ser a sua felicidade.

Simplesmente porque eu não sou.

•

Bonito é ver um 'eu te amo' surgindo do nada

Bonito é ver o 'eu te amo' saindo do corpo antes das palavras, antes da boca, antes do orgulho ceder e da razão concordar. Antes da vida se encaixar.

Bonito é ver o 'eu te amo' estampado na temperatura da pele, no vermelho da face, nos olhos surpresos, nos gestos, no afeto cru e sem jeito. Nas vontades dos pelos.

Bonito é ver um 'eu te amo' encontrando o outro em plena explosão de coincidências.

Bonito é ver que 'eu te amo' é química, é magnetismo que age com as próprias leis. Instintivo, encontra seu coração-alvo pela variação químico-física das ondas sonoras da aura.

Bonito é ver um 'eu te amo' que não precisa ser inventado pela situação nem precisa ser dito. Ele está muito longe de ser frase para dizer 'bom dia' e 'até a próxima'.

Bonito é ver o 'eu te amo' girando o mundo. Encurtando as distâncias, derrubando as máscaras. Querendo ser maior que tudo.

Bonito é ver um 'eu te amo' que não sabe mais se esconder. Bonito é sentir o 'eu te amo' crescendo em meu peito antes de me dar conta dele. Bonito é acordar de sobressalto no meio dos dias e perceber o inesperado, um 'eu te amo' tão vivo e pronto para alçar voo.

Bonito é ver o 'eu te amo' amadurecendo antes de mim, de você, de nós. E seguirmos nossas vidas, e fingirmos que não vimos, mas vimos. E fingirmos que ele não existe, mas existe. E quer colo e quer leito e seiva. E quer se fazer notar.

Bonito é ver um 'eu te amo', reconhecê-lo e deixá-lo ser, e abrir caminhos para ele passar.

Bonito é ter olhos e corações de ver e viver os 'eu te amo'.

•

Com amor e gambiarra

Na minha casa tem tanto improviso.

Tem cadeira fazendo papel de criado mudo, tem garrafa de cerveja renascida em vaso de flor, tem poesia servindo de ombro amigo, tem travesseiro de aparador de dor.

Na minha casa tem muita gambiarra. Tem tijolo esticando o pé da mesa, tem caixote de papelão servindo de gaveta, tem quadros coloridos escondendo os ralados das paredes, tem um 'gato' de energia entre minha alma e o seu sorriso.

Aqui em casa tudo é simples e criativo. Tem caixa de madeira virando prateleira de livros, tem vidro de azeitona transformado em castiçal, camiseta velha para limpar o chão, tem esse espaço pequeno onde cabe um milhão de corações.

Aqui em casa tudo é reciclado, tudo tem dois lados. Do lixo orgânico a gente faz adubo, as sementes de frutas a gente planta nas caixas de suco, com a água da chuva a gente limpa o quintal. Do feijão de ontem a gente faz sopa, com o sorriso solto a gente dobra o caldo e com o choro derramado a gente lava a alma.

Na minha casa tudo quer ser cíclico e fazer sentido. O que o mundo me oferece eu retribuo com carinho, eu doo para a terra vizinha o que se farta na minha e aceito de coração a ajuda bem-vinda.

•

Sou simpática, curiosa, livre e não (necessariamente) estou te dando mole!

Às vezes acho que no mundo acontece muita interpretação errada de texto e pouca comunicação clara e consistente. Ou é a gente mesmo que adora se afundar no encantamento novo e doce de uma ilusão e deixa de ver o que estava ali sem tanta graça na nossa frente.

Estou falando isso porque muitas vezes sinto dificuldade em exercitar a minha liberdade de expressão, pois, dependendo do que vou dizer, do que vou vestir, de como vou sorrir, de como vou andar no mundo, vão me julgar, vão me avaliar como uma mulher X, Y ou Z, vão perceber em mim mais do que eu tenho para oferecer.

Vão colocar camadas de interpretação na espontaneidade dos meus gestos, vão adivinhar minhas vontades, meus interesses, vão ver o que querem, sem nem ao menos perguntar o que eu penso, sinto e espero.

E quando, por vezes, levarem um susto ao verem que meu sorriso era apenas um sorriso simples, sem segundas intenções, que minha conversa era curiosidade pela vida, que a minha disponibilidade para ouvir era apenas respeito e interesse por outras visões de mundo e que os meus seios soltos e mamilos acesos eram apenas o frio e o gosto por me sentir confortável em mim mesma, eles vão dizer que não era a interpretação deles que estava errada, eu é que fui simpática demais.

Fui eu que sorri demais, que ouvi, que falei, que olhei nos olhos, que abri espaços.

Ou então, eles vão se frustrar e transferir os estereótipos, em poucos minutos deixo de ser 'a puta' para me tornar 'a frígida', deixo de ser 'a misteriosa' e passo a ser 'a louca', deixo de ser 'o brilho' e passo a ser 'o proibido'.

Ou ainda eles vão dizer que eu acho que não quero, mas no fundo quero sim, é só charme.

Ou, felizmente, eles vão perceber que se misturou minha liberdade de ser com uma grande carência deles e criou-se essa interpretação enviesada, embaçada e falsa de que eu estava a fim.

Mas muito provavelmente eu serei culpada pelo coito emocional interrompido. Afinal de contas, a minha imagem criou o interesse, o meu jeito incitou o desejo, o meu sorriso despertou a vontade.

E se eu me fechar, me afastar, enfim, mudar meu jeito, talvez eu seja caracterizada de fria, metida e arrogante.

Me desculpe dizer, mas me parece que ainda hoje os homens agem como querem, falam o que querem, amam e desamam num piscar de olhos e estão sempre lavando as próprias mãos e estão sempre apenas sendo eles mesmos, livres para viver, falar, vestir, mudar de opinião.

As ilusões que as mulheres criarem com relação a eles são problemas delas!

Vibração e Descompasso

E por que, então, as ilusões que os homens criam a nosso respeito são problemas nossos?

De toda forma, eu não acredito em me fechar totalmente, em deixar de falar, de gostar, de conviver, de dançar, de ser... Mas hoje eu quero filtrar, eu quero exercitar o 'não', eu quero silenciar quando o assunto não é meu, e não quero acreditar que os olhares alheios e os problemas dos outros estão nas minhas mãos.

Sim, talvez eu fique um pouco menos simpática, um pouco mais na minha, um pouco mais seletiva, mas mesmo assim ainda cheia de vontade dessa luta – ser o que realmente sou nessa vida.

•

Por um mundo com menos reclamação e mais gratidão

Se te perguntarem como você está, mesmo com tanta coisa indo mal, diga que está bem, sinta que está tudo bem até que o céu fique azul, até que a simplicidade do olhar dissolva seus problemas.

Quando te perguntarem como vai o amor, a saúde, os planos, as finanças, não pense no seu bolso, nos seus desenganos, nos seus medos. Apenas diga e sinta que está tudo bem, sorria antes dos pensamentos virem vomitar os dilemas da vida. Acredite ou não, isso é uma revolução!

Acho que reclamar demais faz mal à saúde e contamina tudo em volta. Reclamar demais pode ser um ato comodista.

Prefiro aquelas pessoas que sempre sorriem e dizem que está tudo bem, apesar de todas as mazelas que as circundam. Eu acho que ver o peso e as sombras da vida cotidianamente, reclamando e empurrando os dias com a barriga, sem fazer nada para mudar, é uma atitude que gera energias negativas no mundo. Reclamar demais corrompe nossas mentes, nos tornamos seres rabugentos, sem cor, cansados, andando pela vida como se ela fosse um fardo.

Acho que reclamar um pouco de vez em quando é bom, desabafar é importante para desacumular o que ficou preso no corpo, sem possibilidade de expressão, chorar e xingar pode ser ótimo para acalmar o coração.

Mas reclamar demais, todos os dias, é um comodismo, é um vício de alguém que não quer vasculhar o profundo de si mesmo, não está a fim de empreender grandes mudanças internas, fica nessa de regurgitar nos ouvidos outros as mesmas chatices, as mesmas frases e histórias, fica nesse enredo manjado de falar mal da vida, de colocar a culpa em tudo e em todos. São pessoas que inventaram essa lente cinza de ver o mundo, e têm mania de nunca estarem satisfeitas, mas também não ousam fazer nada para mudar.

É mais fácil reclamar, falar dos problemas do que encontrar e colocar em prática soluções. É mais fácil despejar nos outros as culpas e ficar na posição de vítima. É mais fácil dizer que a vida não tem sentido do que tentar mudar a estrutura do próprio pensamento e encontrar por aí belezas acessíveis. É mais fácil se adaptar a uma realidade, se ajustar aos roteiros predestinados, do que ter criatividade e coragem para trilhar outros caminhos.

Falta gratidão, flexibilidade e deslocamento no olhar!

A gente tende a cuspir no prato que comeu ou a fazer descaso com a vida, sem perceber os tantos presentes que recebemos, os aprendizados, as sabedorias. Focamos nossa atenção na dor, na falta, no que ainda não veio, no que ainda não somos e não temos. Nos esquecemos de perceber que não são os grandes acontecimentos que constroem os nossos dias, esquecemos de olhar nossas tristezas com carinho, e as nossas realizações com ritos e festas; nos esquecemos de

dizer 'bom dia' para o vizinho e agradecer os encontros inusitados, o motorista do ônibus, a flor que nasceu no asfalto...
Eu acho que falta gratidão, falta paixão, falta amor.

Não necessariamente você precisa sair nas ruas e mostrar sua voz e seus descontentamentos. Manifestação começa por dentro. Acho que a gente pode fazer grandes revoluções internas que vão inundar e atingir as pessoas à nossa volta. Eu acho que a gente pode escolher ser feliz agora, sorrir, gostar mais de si mesmo, cuidar do corpo e da mente. Acho que a gente pode escolher tratar uns aos outros com carinho e não com raiva e frustração. Acho que a gente pode assumir a responsabilidade do nosso próprio estar no mundo. A gente pode dizer 'não' para os excessos no trabalho, para os abusos nos relacionamentos, para estilos de vida que acabam com os nossos bons sentimentos.

A gente pode escolher dançar a própria dança, aquela que vem da alma e que foge do que os olhos dos outros vão dizer.

A gente pode escolher ser mais feliz, ser menos julgado, mandar um foda-se para o recalque alheio.

E, assim, a gente pode viver mais sereno, pleno e consequentemente fazer mudanças na nossa alma e no nosso mundo.

É isso que eu chamo de micropolítica: o autoconhecimento em prol de uma sociedade mais harmoniosa.

Espero que a gente aprenda a reclamar menos e a agradecer mais, pois a vida está aí para ser degustada pelos sentidos de quem sabe apreciá-la.

•

Diamantes em Marte

Não sei exatamente onde/quando/que atitude foi que nos rompeu e apartou.

Mas eu e minha nudez, eu e minha maleabilidade, eu e minha alma exposta quebramos o delicado e belo encantamento.

São frágeis assim os amores que estão acabando de nascer? Era uma membrana tão fina e cintilante a ilusão que nos envolvia?

Com suas mãos desastradas, com seus beijos vigorosos, com seu cheiro embriagantemente familiar, sem eu desconfiar, sem eu querer desconfiar, sem eu saber muito da sua personalidade, eu me abria. Porque quase tudo o que importa no encontro de dois é a amplitude, é a possibilidade de espaços para voos livres. Se voamos livres, juntos, todo o resto na vida encontra caminhos, tudo o que poderíamos ser fora dos momentos de voo seria abençoado pela energia que geramos. Todas as diferenças são acalentadas se nossos corpos sabem se dissolver em energia pulsante. O que somos em essência num momento íntimo nos significa no mundo. Se você voa comigo, eu te reconheço sem razão, seguramente somos então.

Se você sabe se soltar em voo em mim, você tem coragem de amar, e amar é nudez. É um encontro de olhos e corpos que extrapola nomes.

Mas seus olhos seguravam num galhinho de razão, você quase quis que eu te conduzisse, mas depois disse não. Suas falas lúcidas queriam encontrar em mim a performance. Eu me dissolvendo e você me enlaçando, eu me transcendendo e você me acordando, eu viajando e você agarrando meus pés de volta. Eu nos polos e você no poder. Éramos como cobra e nuvem. Você é um diamante, mas eu estou em Marte. Você sabe tudo, mas aqui não existe comunicação lógica. É um circuito que a gente é junto ou não é.

Beijava-me as mãos, o pescoço, os lábios, mas, então, sem se humanizar? Era apenas uma casca que me percorria? Intacta. Sem mergulho. Mantinha um lado duro, incorrupto, vigilante. Assim se assegurava de que poderia voltar a qualquer momento, poderia sair, poderia se afastar, sem dor.

Ah, a garantia de uma vida sem dor! Você que já conquistou essa grandeza! Saía com a mesma facilidade com que deixava um avião que não decolou. Cético. Chateado apenas porque perdeu tempo. Mas como um avião decola sem perder o chão? Você quer voar no chão. Você não quer voar. Você quer ficar em si mesmo. Nessa sua versão de si mesmo que às vezes dói, às vezes quer mais luz, mas que você já conhece e sabe manipular tão bem, tanto que usa para manipular também o universo em volta.

Meus voos racharam a sua manipulação. Uma fenda. As suas manipulações me resgataram do êxtase. Uma queda.

Você apenas se desfez de uma viagem para a qual não ia mesmo, que o destruiria, que aniquilaria todo o seu universo de valor até aqui.

Voar pra você é náusea, é loucura, é perigo.

Eu tinha que ir, sair rápido dali, se você me olhasse muito iria encontrar o seu desconhecido camuflado. Mesmo eu me calando, meu corpo fala, a dança tira o véu da cegueira.

Se você me beijasse mais, abria o seu portal. Se me olhasse nos olhos, iria se desfazer enquanto pessoa. E isso é uma humilhação. Melhor não.

A queda é minha, meu amor. Queda, no entanto, doce. De quem sabe que vai voar de novo. Sozinha ou não.

•

O UNIVERSO CONSPIRA, É SÓ APRENDER A ESCUTAR

Tem coisas que não entendo, não explico, apenas sinto. Você já viveu isso?

Já percebeu que as melhores escolhas que você faz na vida são aquelas em que você deixa um pouco os pensamentos, a razão de lado, e apenas observa onde seu corpo e sua alma melhor se encaixam?

Quando você não sabe o que fazer, mas aprende a silenciar a mente, a se dar um tempo e a ver onde naturalmente seu ser se sente mais à vontade.

Acho que o melhor lugar do mundo é onde a gente cabe inteiro.

O pensamento pode não entender, pode até querer contradizer, o ego vem dar opiniões incisivas, mas se a gente deixa a vida ir tomando forma sozinha, se transformando, se ajeitando, nos conduzindo, a gente entra no nosso fluxo natural, de onde nunca deveríamos ter saído.

Eu gosto de exercitar minha intuição em tudo, em todas as decisões, desde a roupa que vou vestir hoje até uma escolha profissional ou de relacionamento pessoal.

Acredite ou não, existe uma força maior do que a razão que move a gente.

E quando você aprende a deixar isso crescer, por mais louca que possa parecer a escolha, o passo, a vida vai fazer mais sentido e ficar mais coerente.

Como acessar essa força?

Apenas sinta na pele. Que roupa cai melhor de olhos fechados, sem pensar na opinião dos outros? Que pessoa, amigo, amante, encaixa do seu lado sem dor, sem luta? Que comida entra melhor no seu corpo? Que profissão, situação você flui naturalmente, sem interpretação, sem persuasão, sem máscaras?

No final do dia escolha ficar perto de alguém que te dissolve, nem que seja você mesmo a sua melhor companhia. Escolha o conforto de vestir a própria pele.

Escolha pelo cheiro, pelo tato, pelo sorriso fácil, pela vontade involuntária.

Escolha o contato que se ajusta, a conversa que relaxa, o caminho de vida que foi feito pra você e estava só esperando a sua ficha cair.

•

Quando preciso me pego no colo

Ando testando e praticando na minha própria pele uma mudança de vida.

Uma mudança que tem a ver mais com observar atentamente pensamentos e emoções, tentar entender e desconstruir padrões mentais, do que mudar drasticamente o rumo dos meus passos.

Ando tentando reconstruir e reinterpretar caminhos internos independentemente da realidade que me circunda.

Começo a perceber e a acreditar que todo sentimento pode se transformar no momento em que acontece.

Todos os nossos pensamentos podem adquirir uma diferente conotação se olharmos para eles com cuidado e delicadeza ao invés de acharmos que eles são a mais pura e verdadeira expressão do que somos e de onde estamos. É possível deixar que os pensamentos e emoções nos transbordem sem que, no entanto, atropelem o nosso amor pela vida e por nós mesmos.

A primeira prática que faço é simples, é apenas um deslocamento de referencial.

Ao invés de ficar alimentando a autocompaixão, olhando insistentemente para um joelho ralado, sangrando, doendo, que parece tomar todo o meu tempo e energia, impossibilitando outros passos pelo medo de outras quedas, eu me lembro de todas as outras partes do meu corpo que estão cheias de energia vital. Eu lembro que, apesar da dor, eu não sou só um joelho, eu sou um inteiro. E não é porque um lado meu dói que a vontade de vida em mim tem que se submeter.

Ao invés de eu ficar lamentando as folhas secas de minha árvore, os sentimentos que não vingaram, que voaram e deixaram saudades, a dor da falta, a solidão de um inverno que me acometeu; eu celebro, cuido e sinto fortes e vivas minhas raízes, úmidas, crescendo vastas em meus subterrâneos. Cheias de vontade de renascimento e com coragem para novas primaveras.

Ao invés de eu olhar com intensidade para minhas doenças, dores e tristezas, coloco um pensamento de gratidão em tudo que ainda cresce livre, vivo, saudável dentro de mim.

Invisto energia em meus risos bobos, em meus pensamentos soltos, na dança dos meus sonhos, nas minhas vontades sem nexo. Deixo de ser severa comigo mesma, de me martirizar e me punir pelas quedas, pelas decisões não tomadas, pelas metas não alcançadas, pelos amores não vividos, por cambalear ainda na vida.

E, quando preciso, me pego no colo, como uma mãe bondosa que segura o próprio filho e deixa que chore, que grite, que lamente. Como uma mãe que conversa com calma com a dor da criança, falando baixo e perguntando por que é que dói tanto, por que é que é tão grande, até a criança perceber que tudo foi só mais um arranhão. E enxugando as próprias lágrimas, enquanto recupera o fôlego, resgata espontaneamente a vontade de ir brincar na rua.

Ando aprendendo a cuidar da minha criança interna, que é espontânea, simples, livre, que chora, mas que no momento seguinte deixa isso de lado, esquece e sorri. Que ama sem culpa, que fala o que pensa, que olha pra dor e que se resguarda quando ainda não entende.

Porque a mãe dentro de mim sabe acalmar e cuidar. Mas a minha criança sabe, como num toque de mágica, mudar a válvula das emoções e recolorir as verdades de um dia.

Porque eu já aprendi que, assim como a tristeza e o desânimo sabem se alastrar em meu corpo e mente, a paz e a leveza também. E a escolha é minha.

E isso não é autoajuda, é não querer desperdiçar a vida.

•

BUMERANGUE

Minhas decisões e mudanças de fases na vida nunca são precisas, diretas, firmes.

Fico nesse bumerangue, regurgitando a fase que ainda não abandonei por completo, sofrendo pelo que ainda não virou passado, mas também já não sou eu.

Fico novinha em folha morando dentro da minha casca antiga.

Deve ser porque acho que todas as fases são beleza: a lagarta, o casulo e a borboleta.

Vejo um mar em minha frente, mas sofro por deixar o conforto de ser rio.
Vejo a possibilidade de asas, mas já sinto falta de meus caminhos terrenos.
Vejo um amor definhando e um mundo todo se abrindo a minha volta, mas meus olhos de compaixão quase me prendem nesse momento de intervalo, alimentando o vício do que fui e do que esperei do que tivesse sido uma história.

Criando esperança no restrito, por medo do infinito?

Pra mim é sempre a dor de abandonar o peito, o útero, o colo. Mesmo com o vislumbre eufórico dos passos, das danças, dos mundos.

Fico sugando o seco, o oco, o osso, o sofrimento.

Fico com dó do que o tempo varre impiedoso, fico com dó da minha inevitável transformação. Fico com medo do novo.

Sou uma covarde cheia de vida, desperdiçando-me, pronta e apegada.

Que a vida me arraste e me (des)encante!

Que o mundo me lave e me transforme!

•

Amar é catarse

Relacionamento bom é aquele que tem vida. E vida é sinônimo de movimento.

Tem gente que acha que um bom namoro, casamento ou mesmo amizade é aquela onde existem acordos bem definidos, deveres e direitos estabelecidos, leis muito claras, pessoas sujeitas a punições e recompensas caso ajam fora ou dentro dos moldes cirúrgicos do amor.

Eu fico pasma, mas ainda existe gente que acredita em pintar o amor com as cores da perfeição, colocar no dia a dia o ser idealizado e viver frustrado para sempre ao ver o outro quase nunca sendo capaz de cumprir esse papel.

Para mim relacionamento bom é cíclico, é espaço para amor e descobertas, companheirismo e crescimento, troca e, por vezes, individualidade. É movimento, é caos e calmaria. Tudo no mesmo território. É ficar bem pertinho do lado humano do outro a ponto de deixar aflorar fadas e monstros. A ponto de querer a plenitude do ser e ver beleza nisso. A ponto de se deixar ser livre, a si mesmo acima de tudo. Livre para falar, para expressar, para agir, para ser e sentir tudo o que surgir.

Relacionamento bom pra mim tem jeito de choros e risos, taças vazias de vinho, comidas malucas feitas a quatro mãos, tardes de domingo de conversas e consolos, segundas-feiras descabeladas, desencontros, reencontros, olhos nos olhos do começo ao fim.

Mais importante do que querer colocar todos os pingos nos 'is' e ter controle de tudo (ou pensar que tem!) é dar um abraço ou um espaço para que sentimentos respirem e fluam pelos ares da casa. É ceder um ouvido, uma fala de alívio, não uma verdade, não uma sentença, não uma vingança, apenas um silêncio e um respeito com a incansável maré da vida, que ora nos explode de emoções, ora nos deixa amáveis e amando feito noite de verão.

Porque eu acho que amor sem espontaneidade é como dormir de sutiã. E paixão sem possibilidade de expressão é como um furacão de flores guardado debaixo do tapete. E amizade regrada é a mesma coisa que ficar na fila do banco esperando para pagar a conta vencida do cartão de crédito.

Não são os defeitos, as divergências, os problemas que mais destroem relacionamentos, é o tédio! A chatice conjugal. A falta de habilidade e criatividade para reeditar os dias, é o comodismo nos atos mecânicos. O esquecimento de que a vida pode ser mais interessante, curiosa, dinâmica e verdadeira.

Então, eu espero que os nossos relacionamentos sejam chuvosos, montanhosos, ensolarados, dinâmicos, transbordantes e sorridentes. Samba de Cartola com Dorival Caymmi.

Amar é catarse!

E, assim, alguém poderá dizer que eles foram felizes, tristes, loucos, sãos, confusos, coerentes, espontâneos, mutantes e vivos até que uma morte os separe.

A VIDA É MUITO CURTA PARA NÃO PARAR E ADMIRAR AS PAISAGENS

Ah, que viagem doida é essa, a vida?! Que a gente entra e bem cedo aprende que tem que correr, não perder tempo, não perder focos, que tem que ganhar várias partidas. Que trem de ferro em linha reta é esse?! Que a gente coloca combustível sem parar nos nossos corpos e mentes, e o nosso olhar sempre à frente, concentrado em algum ponto de chegada que o mundo nos ajudou a inventar.

E mesmo quando o corpo chia, o coração suspira e a gente precisa diminuir a intensidade do caminhar, a mente não para de ostentar, o mundo não para de falar. Quando foi mesmo a última vez que a gente parou a própria rotina, os próprios sonhos e expectativas e apenas sentou naquela cidadezinha de beira de estrada e tomou um cafezinho sossegado, sem pensar em nada?

É tudo sempre tão corrido, o calendário sempre preenchido, as horas completas, os dias espremidos. Os nossos pés já nem tocam o chão, passam flutuando por todas as superfícies. Não mergulhamos em nenhuma estação de nós mesmos. Não dá tempo de entender o sofrimento, de quebrar um círculo vicioso, de romper hábitos que nos fazem mal; não dá tempo de se aprofundar, adentrar nos labirintos do coração, desfazer os nós e criar outros 'eus'. Não dá tempo de construir outro mundo, pois este já nos escraviza em seus mitos. Nossas mãos práticas seguem as riscas, as receitas, desaprenderam no nascimento a tocar e a conduzir intuitivamente; são agora instrumento de nossas necessidades.

Ah, que vida desenfreada, competitiva, em que a gente voa alto, rápido; em que a gente é avião a jato e gosta de mostrar o ronco forte de nossas turbinas e a grandeza de nossas capacidades de lidar com tudo. Em que a gente quer ser mais para se sentir mais e ofuscar um vazio escondido, em que a gente quer fazer barulho para não ouvir as vozes do nosso silêncio essencial, em que a gente quer ter mais para não deixar de alimentar a máquina das doces ilusões que nos rodeiam. Em que a gente quer parecer mais para convencer os espectadores desse teatro todo, e a nós mesmo, de que todos os nossos esforços não foram em vão.

Que vida vã é essa, pele espessa que não se deixa cortar, sentir, invadir? Superfícies duras e escorregadias, em que tudo passa e pouca coisa fica. Em que a gente vê passar pela janela vultos de tantas coisas, pessoas e sentimentos, num piscar de olhos, tão rápido que não dá tempo de fazer sentido, de entrar para a memória, de construir belezas em nossos álbuns de fotografia.

A vida é curta, então a gente corre. Que ironia! Vida é travessia, a chegada é a morte. O que fica dessa viagem se a gente não para e aprecia? Se a gente não desce em muitas estações, e olha em volta, anda e respira? Se a gente não perde a gente mesmo em algumas paragens? Se a gente não recomeça do zero e muda o rumo e decide não ir em frente por um bom período de tempo?

Ah, a vida é curta demais para não parar e admirar as paisagens!

Repare quão extraordinários são os defeitos!

Repare quão interessantes são as cenas extras dos filmes, os bastidores, os momentos descontraídos e desastrados, as risadas, as conversas, os sustos e os brancos.

Quando os personagens voltam a ser humanos.

É tão bom o que resta da massa do bolo, o arroz do fundo da panela, as rebarbas da pizza, os pedaços que sobram por não serem tão bonitos e apresentáveis, mas fazem a felicidade de quem os percebe.

Que bonita é a decoração da casa que é mais viva do que simétrica, onde cada móvel tem uma história, cada almofada, porta-retratos, bibelô faz lembrar um amigo, um momento, em que cada canto mostra mais vida, dança, conversas do que neuroses, do que regras de comportamento.

Que bom o lar que tem cheiro de gente, de comida, de sabonete, que tem plantas diferentes em vasos coloridos, melhor do que aquele onde quase se ouvem as moscas voando e se perdendo na limpeza das paredes e as taças de vinho ficam sepultadas em algum armário antigo.

Que lindas as pessoas que assumem suas assimetrias, seus cabelos doidos, ralos, brancos... Seus estilos, seus sotaques, seus gostos musicais, suas personalidades, suas fraquezas, suas forças.
Suas diferenças!

Que lindeza é ver um ser humano seguro de si, vestindo a roupa em que se sente bem, independentemente de ser como manda o figurino de um lugar, de uma situação.

É tão bom ver a alegria de quem não tem vergonha de sorrir, mesmo sem dentes na boca, não tem vergonha de dançar, nadar, falar, de focar o olhar muito além do que os outros vão pensar.

Acho triste as perfeições, a mania de retalhar, de busca se encaixar e quase sem querer se esquecer.

Pra que 'photoshopar', camuflar, cortar rebarbas, endireitar se muitas vezes o que faz a beleza de uma pessoa é justamente o nariz adunco, o sorriso torto, a timidez, ou a gargalhada escancarada, a pinta na testa, o mistério das olheiras, o jeito de puxar o R, o jeito de andar e olhar pela janela, o jeito de pensar o mundo?

Muitas vezes o que torna um lugar, uma pessoa e uma situação especiais é justamente aquilo que é inusitado, que é livre, que é 'errado', descompassado, descomplicado. O mico, o impróprio, o imprevisto, o resíduo.

No fundo, no fundo, todo mundo gosta de ver esses acontecimentos, esses defeitos, não para que possamos nos sentir superiores e dar risada do outro, mas porque o nosso coração se sente aliviado e cheio de empatia ao ver que afinal existem outros seres humanos imperfeitos e felizes vivendo por aí.

Quero uma vida carinhosa

Quero uma vida carinhosa. Macia comigo. Quero que a vida seja mais acolhida do que menosprezo, mais preocupação do que indiferença, mais compaixão do que neutralidade.

Quero que a vida seja o que deve ser, mas que seja cuidadosa. Que minhas quedas encontrem mãos estendidas, que meus desamores sejam delicados, que as despedidas sejam doces.

Quero uma vida mãe atenta e permissiva, não autoritária. Uma vida professora, que eduque movida pela paixão e não pela obrigação. Que saiba que brincar é tão importante quanto entender. Que saiba que um sorriso e um gesto positivo valem mais do que uma repreensão. Que a vida seja uma educadora que respeita os diferentes ritmos. Que ela me ensine pela curiosidade e não pelo medo.
Pois minha raça é frágil, lenta e distraída.

Que a vida aceite com ternura o meu déficit de atenção perante as coisas do mundo, que perdoe a minha distração frente àqueles ensinamentos chatos e importantes. Que ela aceite essa minha estranha vocação para ser livre.

Quero uma vida que me ensine pelo exemplo, pela inspiração, que me faça querer estar ainda mais viva, que me sirva de espelho.

Quero uma vida que olhe nos meus olhos, firme e desarmada. Eu prometo tentar entendê-la sempre, mesmo quando ela vier trazendo más

notícias. Prometo ser forte e leve e não me desapontar com ela.
Mas, por favor, que ela venha com tato e cautela me contar seus pungentes segredos.

Quero que a vida saiba que eu sou força e coragem e, por isso, não dissimule comigo. Quero que ela saiba que eu também sou solidão e fragilidade e, por isso, saiba me conduzir com zelo e dedicação.

Que a vida siga seu percurso como deve ser, sem defesas, mas também sem ataques.

Eu trato a vida como quem cuida de cachorrinho novo, cheia de alegria no olhar de deixá-lo livre para viver e protegido para voltar.
Que a vida me trate da mesma forma.

Quero uma vida carinhosa.

Ela é uma ave de rapina em terras de rinocerontes

Ela não ama mais como antigamente, com o brilho do romantismo ofuscando a submissão, mas ela também não ama ainda de um jeito novo, está numa fase de transição.

Ela ama pessoas acima de intenções, vê sem o filtro dos deuses, abriu a caixa de pandora, liberou os pecados e percebeu que nenhum ser humano é herói ou vilão.

Ela vive na passagem, desfez os nós das posses e ainda acredita no brilho dos olhares.

Não sonha mais com pessoas, não acredita na salvação por outras mãos, sonha com um mundo mais consciente. Quer ser respeitada em suas escolhas, inclusive na de ser solta e espontânea num país que não escuta e respeita o jeito de ser de uma versão pós-moderna de mulher, pós uma era, pós conceitos que já não vingam no peito dela.

Ela é uma mulher de tantos 'nãos' porque aprendeu a dizer 'sim' para si mesma. Mulher de lutas, mesmo silenciosas, conta com as próprias mãos e tantas vezes caminha sozinha por não encontrar parceiros de desideologia.

Ela é uma ave de rapina em terras de rinocerontes, traz notícias de outros mundos em suas asas, espalha suas visões do além nos olhares acostumados.

Ela cansa, mas segue sendo presa das próprias experiências. Se usa para entender um mundo sem entendimentos, segue nua, despida de mitos em terras de zumbis agarrados a valores cegos. Acha que o mundo está intoxicado de excesso de sentidos, flerta com a possibilidade de viver sem eles.

Ela é uma criança desarmada sobrevivendo e perambulando num campo de guerras. Distribui gotas de simplicidade nos olhares viciados.

Ela é uma mulher do século XXI, ainda humana, descrente, sobrevivente, desmistificando-se, mas ainda despertando mitos nos olhares, paciente com o caos de um mundo que não aceitou a própria morte e justo por isso ainda não renasceu.

•

Entre em tudo que fizer de corpo inteiro e de mente entregue

Entre em tudo que fizer de corpo inteiro e de mente entregue. Os aprendizados do mundo se dão pelos sentidos, todos alertas. Leia um parágrafo de um livro e pare, respire, reflita. Leia um poema e mergulhe nele, que poemas são feitos de palavras que têm funduras e há de se perder um tempo para brincar com elas, e desvendá-las, e sentir suas multiplicidades. Ao tocar o amor, entregue-se, não fique segurando num galho de razão, caia no precipício.

Dissolva as armaduras da outra pessoa para poder adentrá-la. Amar é um agora, amanhã pode ser dor, solidão, nada ou poema. Mas amar sem entrega é vestir um sobretudo cinza mesmo quando o sol brilha em nossos corações, é viver acostumado com invernos, é viver num medo para evitar a dor. E isso já não é amor.

Saia das margens, tudo ao redor é perceptível, tudo ao redor é movimento, o mundo não é uma fotografia em que você anda sozinho em seu repetitivo monólogo. Participe, interaja, traga para dentro; a vida não é um cenário, tudo nela protagoniza. Tudo ao redor inspira. Entre na alma das coisas, use-se como experiência, vasculhe-se, vasculhe o mundo. Coloque as mãos nas massas.

Toque todas as texturas, toque a ferida, olhe-a, entenda a sua composição, limpe com cuidado para cicatrizar, deixe ter seu tempo. Não ignore a dor nem a alegria. Olhe o amor nos olhos, abra-se com sinceridade e recolha-se se não for recíproco. Recolha-se se ver nos sentidos do outro medo e orgulho.

Contemple a solidão, contemple só o que se abre, o que se estampa, o que se deixa, o que tem coragem. Uma flor tem tanta coragem e está ali pronta para ser amada. Um bicho tem tanto amor incondicional. Um livro tem tantos diálogos tão mais interessantes que muitas pessoas. Há tantos aprendizados no mundo.

Eu só aprendo se mergulho. Eu só aprendo se presto atenção constante, eu só aprendo pela paixão. O aprendizado por osmose é muito lento, não há tempo para esperarmos o mundo entrar e as coisas fazerem sentido. Se nos fizermos máquinas, passivas, só iremos absorver as mensagens subliminares, e elas são perigosas: compre, beba, tenha, seja. Fique alerta, questione, desestruture, dê voltas em tudo o que vem pronto. Saiba descortinar, não acredite em falas, acredite no olhar.

Acredite no toque, acredite nas atitudes. Falas têm muitas camadas de significados; muitas vezes há tantas intenções por trás. Não acredite em palavras, acredite em gestos. Leia os corpos. Ouça músicas, brinque com crianças, geralmente eles têm muito mais para ensinar, sem dissimulação. Não perca tempo com o que te atrasa. Não entre na cansativa e rasa dança dos jogos.

Ande nu, encontre o grupo dos que andam nus. E deixe de lado os sobretudos. Não saia ileso desta vida, não queira sair. Evolua na sua própria pele.

•

'EU TE AMO' ESTÁ MAIS RODADO QUE NOTA DE 2 REAIS

O que cabe dentro do 'eu te amo'?

Quantas vezes dizemos essas três palavrinhas querendo significar tanta coisa, menos carinho, amor, gratidão?

'Eu te amo' virou 'bom dia', 'boa noite', 'tchau'...
'Eu te amo' virou pedido de desculpa esfarrapada, naquelas situações em que a pessoa pisou feio na bola pela 15ª vez e vem com aquelas frases do tipo: 'apesar de tudo o que fiz, eu te amo'. 'Eu te machuquei, mas eu te amo'. 'Não te dou mais atenção, mas eu te amo tanto'.

'Eu te amo' também é tantas vezes usado para assegurar propriedade. Você mal conhece a pessoa, se encontraram poucas vezes, e ela vem dizendo 'eu te amo'. Aí, sem perceber, você assinou um contrato invisível de posse. Agora, de certa forma, você pertence a ela. Afinal, a pessoa disse até 'eu te amo', agora você tem que cuidar do sentimento dela, você selou um contrato de responsabilidade.

'Eu te amo' pode ser jogo de poder, pode ser chantagem emocional, naqueles momentos em que a pessoa vem cheia de lágrimas nos olhos, diz um 'eu te amo' e amolece mais uma vez seu coração cansado.

'Eu te amo' tapa buracos, fica no lugar dos momentos não vividos, soluciona a falta de tempo com o parceiro, com a família, com os filhos. 'Eu te amo' preenche os espaços da nossa falta de criatividade naqueles cartõezinhos de aniversário, naquela mensagem morna que chega à tarde.

Eu te amo' virou 'tudo bem', mesmo naqueles dias em que estamos péssimos e alguém pergunta 'como vai você?', e respondemos 'tá tudo bem' por educação e para evitar contar nosso conflito. 'Eu te amo' também serve pra isso, para mascarar um 'não tá tudo bem e eu não te amo mais'.

'Eu te amo' está mais rodado que nota de 2 reais.
Ah, como a gente gastou o 'eu te amo'! Ele inflacionou, ele anda por todas as bocas, mas poucos olhares encaram um 'eu te amo' de frente, entregue, firme, verdadeiro. Ele sai assim sem empolgação, pela metade, meio sujinho. Ele sai com tantas emoções – choro, desespero, descaso –, e poucas vezes com a emoção verdadeira do amor.

O 'eu te amo' está banalizado. Faz tempo que a gente já nem toma cuidado, já nem se dá conta. Vamos dizendo 'eu te amo' politicamente por aí, vamos usando como arma para tantas coisas. Vamos criando laços de afeto quando não estamos preparados, e rompendo conflitos que deveríamos deixar surtir efeitos em nós para colhermos os aprendizados.

Os 'eu te amo' falsos atrasam o florescer do nosso amor próprio, e também do amor verdadeiramente partilhado. Aquele que tem situações de puro 'eu te amo' e outras de silêncio, contenção e 'não, agora não te amo', dessa forma, desse jeito, neste momento.

Não deixe para amanhã o que você pode SER hoje

'Não deixe para amanhã o que você pode fazer hoje.'

Acho engraçado como essa frase geralmente possui uma conotação prática, comercial, protocolar. Ela parece significar: não deixe para amanhã o trabalho extra que você pode fazer hoje, a caixa cheia de e-mails que você pode responder, a ligação chata, o treino na academia, a visita ao salão de beleza, a aula de alemão, as contas a pagar, as burocracias e papeladas, a lista de compras, o sapato para a festa, a cerveja rápida no fim do dia, as mensagens no WhatsApp, a foto no Instagram.

Não deixe para amanhã as atividades que cabem neste dia, muitas vezes elas entram espremidas – num intervalo de almoço, numa sobreposição com outra tarefa –, mas cabem. Nos tornamos maratonistas, quase sem fôlego, com tempo para tudo, mesmo que seja um tempinho curto e sem qualidade, mas com tempo para tudo o que devemos fazer, e muitas vezes sem tempo para o que poderia ser chamado de 'nós mesmos' ou 'o que realmente importa'.

As milhares de atividades, que insistimos em não deixar para amanhã, consomem o nosso tempo por inteiro.

Mas para mim existe nesta frase, 'não deixe para amanhã o que você pode fazer hoje', uma ideia totalmente diferente. A ideia de que a vida é hoje, de que o tempo é curto, de que não quero gastar meus dias correndo, provando para mim mesma ou para o mundo que dou conta de fazer um monte de tarefas se eu tenho em minhas mãos a possibilidade de escolha. E até certo ponto eu posso, sim, escolher o que eu posso fazer hoje e o que não quero deixar para amanhã. É como disse Rubem Alves '(...) é preciso escolher. Porque o tempo foge. Não há tempo para tudo (...). É necessário aprender a arte de 'abrir mão' – a fim de nos dedicarmos àquilo que é essencial.'

Eu sei que posso deixar para amanhã a conta que não vence hoje, as compras que vão entulhar ainda mais o meu guarda-roupa, as mensagens bobas de um grupo do WhatsApp, a irritação de um e-mail pouco importante.

Mas não posso deixar para amanhã um poema que me surge quando perco (ganho!) 10 minutos olhando para uma árvore da janela. Não posso deixar para amanhã a conversa por telefone com minha mãe, a leitura de um livro, a vontade de um sorriso. Não dá para deixar para amanhã um sonho, um amigo que precisa de apoio, um texto bem escrito, uma refeição bem feita. Não posso deixar para amanhã o que quero que a vida seja hoje!

Eu não deixo para amanhã o que eu posso SER hoje. Na medida do meu possível, hoje eu abro mão de atividades não essenciais, de bagagens pesadas, de encontros superficiais. Hoje eu abro mão de tudo que preenche essa minha curta existência neste mundo com coisas que não acrescentam e que me fazem estagnar. Hoje eu lapido meus dias e limpo minhas horas.

Sinto assim, como disse o poeta Mario Quintana:
'Se me fosse dado, um dia, outra oportunidade, eu nem olhava o relógio. Seguiria sempre em frente e iria jogando pelo caminho a casca dourada e inútil das horas. (...)'. Pois 'a única falta que teremos será a desse tempo que, infelizmente, nunca mais voltará'.

Então, espero que nossas vidas sejam compostas de 'hojes' repletos de coisas essenciais e 'amanhãs' (que nunca chegam) guardando as sobras inúteis dos dias.

E que não deixemos para amanhã o que podemos fazer A VIDA ser hoje.

•

ÀS VEZES TUDO O QUE A GENTE PRECISA É ABANDONAR A CAUSA

Sabe aquele dia em que parece que a vida se tornou um emaranhado de fios de alta tensão?

Por onde quer que você tente desfazer os nós, enfiar as mãos, encontrar soluções, os outros lados se embolam mais. É que nem bijuteria antiga enferrujada, aquelas correntinhas guardadas juntas num porta-joias antigo, que você pode ficar horas na frente da TV, esticando as linhas nos joelhos, e a coisa não desenrola: desfaz um nó aqui e cria outro acolá.

Sabe quando parece que a vida se tornou aquele bendito cubo mágico, que você quebra a cabeça resolvendo um dos lados, alinhando a mesma cor e, quando vai trabalhar na outra face, bagunça tudo o que já tinha conseguido arrumar?

Você já teve essa sensação, de que em algumas situações quanto mais se mexe mais fedem?

De que aquela repetição de atos e conversas, além de não estar levando a lugar nenhum, muito menos dissolvendo os problemas, está causando dores de estômago, esgotamento emocional, enjoo em todas as partes do corpo, pois é como ouvir a estridência de uma mesma música 521 vezes ou engolir pelos ouvidos aquelas mesmas falas. É como estar viciado em jogar na cara verdades que vêm de dores, é como querer resolver os dramas trazendo-os à tona a cada 5 minutos. É como querer fechar as feridas cutucando-as sem parar. É como querer lavar a alma, resolver a vida, limpar a casa, mas jogando as merdas todas no ventilador.

E depois de tantos nós desfeitos e refeitos, depois dos bolos todos no estômago, depois da exaustão dos dias, você pensa: e se eu simplesmente desistir dessa luta insana? E se eu seguir o conselho de minha avó, 'o que não tem remédio, remediado está!'?

E se você perceber que pode simplesmente abandonar uma discussão no meio, pode jogar aqueles colares enroscados no lixo, pode dar um chute metafórico em tudo, porque tudo isso está sim 'macumbando' seu coração, amargando sua alma e atrasando sua vida?

Há sempre a opção *eject*, pedir pra sair, pular do trem em movimento, desligar o telefone na cara, sair andando sem mais nem menos. Fechar a boca e não engolir mais nenhum sapo. Há sempre a opção de não participar da fervura do momento, de não ter as respostas na ponta da língua, de não querer falar mais para não deixar as emoções mentirem pela sua própria boca. Porque às vezes a gente é caldeirão em ebulição e está precisando apenas de um tempo quieto, de decantação para as coisas começarem a fazer mais sentido.

Porque a vida parece não parar, mas a gente pode sim escolher a paz sem razão, abandonar o sem solução, aceitar não ter decisões, viver um dia de cada vez, sem medo do que vier, ou não vier, porque o que importa é o agora.

Importa é conseguir respirar, conseguir se desenterrar e se resgatar no meio de tudo isso. Importa é deixar a vida agir em nós com seu tempo e razão e sorrir tranquilos sabendo que tudo o que vem de um não atropelo e sim de uma fluidez de dentro é o que realmente faz sentido.

Às vezes tudo o que a gente precisa é abandonar a causa.

•

O CORAÇÃO É UM VELHO COLECIONADOR

Ela reconhecia quando era hora de fazer a tão adiada faxina no coração.
Era quando a necessidade de fluir se tornava mais forte do que os apegos.
Era quando um cheiro estranho começava a ser notado.
E aquele som que antes era melodia, agora já não soava bem.
Ou quando o conforto dos entulhos causava uma falta de ar.
E quando vinha aquela sensação de aperto – tudo tão cheio e inútil.
Tudo tão presente e distante.
'Às vezes a gente está tão cheio que está vazio.'
Ela sabia.
'Às vezes a gente está tão vazio que está cheio.'
Ela queria.

As faxinas no coração eram sempre adiadas porque o coração é um velho colecionador.

Cheio de compaixão, tem dó de jogar fora uma moeda antiga – quem sabe volte a ter valor! Sofre ao se desfazer daquele pássaro empalhado, mesmo sabendo que hoje em dia ele só voa na imaginação.
O coração empoeirado e entulhado antes de ser faxinado sofre por dois lados: 1. por saber que ficará novo e limpo, ele tem medo que surja a vontade de recomeçar; 2. por saber que vai perder o que um dia o encheu de vida.

Quem faz a faxina no coração é a cabeça. Organizada, trabalhadeira, caprichosa. Sem dó passa o pente fino em todas as artérias. Ela quer deixar no coração o que ainda faz sentido, e só. Prática essa cabeça.

Ela sabe que em duas semanas o coração estará novinho em folha, pronto pra outra. O coração aceita a situação, afinal precisa respirar de novo. Ele quer, agora, ficar mais amigo da cabeça, quer fazer faxinas em curtos prazos.

Mas será que vai ser sempre a mesma sina? Assim que ele vir a vastidão de seus átrios e ventrículos – espaçosos, frescos –, voltará ao velho vício de colecionar belezas?

'Sim', responde a cabeça, 'assim como qualquer coração funcionando em seu perfeito estado'.

O coração não quer funcionar em perfeito estado de coração, ele quer ser cérebro. Se ele for cérebro, ele não precisa se encantar, sentir, sofrer, viver e morrer.

Diz a sensata cabeça 'todo coração que se quer cérebro é covarde e burro. Como seres que têm asas e ficam rastejando. Por medo, não alcançam as mais altas expressões da vida.'

'Você, meu caro amigo, é um coração em bom estado de coração, só precisa aprender a aceitar as mortes.'

O coração sabe aceitar, ele só está cansado de acompanhar os ciclos da vida.

Mas o coração, velhinho agora, decidiu que vai ter um *design* moderno, tudo *clean* – agora aqui só entra quem tomar cuidado.

'Você me avisa, cabeça, me abre os olhos?'

E a cabeça respira e diz:
'Se eu tivesse o poder de conhecer os intransponíveis universos dos outros corações, meu amigo, eu te diria.'
'Mas não sou eu que te protejo ou desprotejo, é a vida.'

•

Você é meu *réveillon*

Eu nunca quis que você entrasse na minha vida.
Nunca sonhei com você aqui ao meu lado todos os dias.

Não quero conhecer o seu mau humor matinal, as suas neuroses, o seu lado cotidiano.
Não quero saber qual é o nome da sua mãe, não quero ver as suas fotos da infância.
Não quero provar sua comida – não todos os dias.

Não imagino a cara dos nossos filhos, não quero segurar sua mão nas ruas, não te quero de corpo tão presente, fazendo papel de marido, opinando na decoração da casa e comendo o último iogurte da geladeira. Não me quero lavando sua meia junto com as minhas calcinhas.
Não quero conhecer todos os seus lados.

Porque você é o que eu preciso para romper o comodismo.
Você é a minha agulha, é a ponta afiada que estoura a minha bolha chata e inflamada e, ao mesmo tempo, você é a minha pena de fazer cócegas na sola dos pés.

Com você eu gosto de ser a outra mulher, não essa chata, centrada, multitarefa, repetitiva. Eu gosto de ser a mulher que não dorme à noite, que se lembra como dar gargalhada, que sabe falar sobre todos os assuntos, que olha pela janela e contempla a doce paisagem urbana e esquece os ciclos de pensamentos viciosos. Que esvai. Gosto de ser a mulher que se dissolve no tempo e no espaço.

Porque você é meu *réveillon*. E eu não me importo de fazer 30 aniversários por ano, desde que não sejam 365. Você é a minha ruptura, as minhas férias numa ilha deserta.

Eu gosto que a gente seja a explosão, a festa, a novidade – um do outro. A salvação.

Você é fogos de artifício que fazem essa mulher chata sorrir por dias. Não vou te associar a estresse, família, contrato de união instável...

Você é sazonal, é estouro de champanhe, é as sete ondas que pulei depois da meia-noite.

•

Eu gosto de gente doida

Eu gosto de gente doida.

Gente que coloca cor na vida, que fala demais, que tem ideias próprias e impróprias, que perde o senso e os limites do politicamente correto e do permitido. Que fala alto, que ri alto, que vive alto. Que canta, mesmo desafinando. Que dança, mesmo descompassando. Que é bobo alegre e feliz por nada. E, quando triste, sabe fazer piada.

Gosto de gente que não fere ninguém assim, diretamente, às vezes só com as indiretas.

Pessoas doidas e livres, que são o que são. Que têm a liberdade de não enxergar os seus excessos. Que não se podam. Que têm opinião sobre tudo e que são donas de suas verdades – apesar de sabê-las efêmeras e mutáveis. Seus mundos são fantasias concretas. E tão estáveis quanto uma nuvem.

Perdem horas palestrando sobre seus universos e vivem neles diariamente. Não querem sair, querem que as pessoas entrem.

Gosto de gente doida, que se diferencia, e que por isso inspira.

Gente que escancara as portas do peito e deixa a vida entrar.

Gente que se move, que discorda, que sofre, que não se entrega, que não sabe voltar a ser o que era, se é que já foi, algum dia, outra coisa além de doida.

Gente que tem personalidade, tanta, que vira história, que vira referência, que vira centro das atenções e nem precisa subir num palco. Gente que vira assunto naqueles momentos chatos.

Gosto de gente forte na doidice. Gente assumida! Que saiu do armário ainda criança.

Eu sigo essa gente, eu rio com essa gente, eu choro com essa gente, eu me encontro nessa gente.

Eu fico hipnotizada com os doidinhos que equilibram o excesso de sensatez do mundo.

•

Envelhecer é tornar-se múltiplo

Temos o costume de pensar que envelhecer é um caminhar para o fim, é um definhar, murchar, envergar. Quando jovens, a nossa visão mais à frente na vida, o nosso marco de chegada é o topo da montanha (as conquistas que este mundo ainda nos reserva). Quando velhos, a nossa visão mais à frente, o nosso marco de chegada (ou partida) é o vale, a desconhecida planície para onde não queremos caminhar, mas para a qual a gravidade e o tempo se incumbem de nos empurrar, e que representa o fim das aventuras.

Pensamos que, depois do ápice adulto da vida, o caminhar da velhice é um declive, o corpo vai se curvando, a pele enrugando, o pensamento falhando, a importância diminuindo, a vida esvaecendo.

Mas eu gosto de pensar no processo de envelhecer não como o caminhar pela montanha, com subida, ápice e descida. Gosto de pensar no envelhecer como o amadurecer de uma árvore, que se fortalece com o tempo, solidifica e, através das sábias curvas de seus galhos que souberam perseguir a luz do sol, acabou aprendendo a chegar mais perto do céu.

Gosto de pensar na velhice não como perda, mas como soma. Me parece que, pelo menos para quem gosta mesmo da vida, envelhecer não é perder a juventude, mas é um somar de personalidades, traços, fases, tempos, 'eus'...

Envelhecer é um agregar, é possuir nesse mesmo corpo gasto todos os seres que aqui habitaram um dia: a criança, a jovem, a adulta. É lembrar-se de cada uma dessas fases e senti-las ainda presentes aqui dentro.

Envelhecer não é um descartar fases que passaram com o tempo e me transformaram em um outro ser, mais frágil, atrasado e sem esperanças.

Envelhecer é possuir nesse corpo curvado a robustez de todas as mulheres que fui, a amplidão de uma vida que foi vivida.

Envelhecer é tornar-se múltiplo. Como a árvore antiga e persistente que se constitui, em matéria e essência, dos anéis de outras épocas. E essa casca enrugada, aparentemente frágil, é força que soube resistir às intempéries do mundo e possui a sabedoria de preservar dentro de si, correndo vivos, rios de seivas e sentimentos.

•

O QUE CABE NO OMBRO AMIGO

O ombro amigo é o lugar onde podemos relaxar a alma do existir diário, onde podemos despir as armaduras, liberar as lágrimas e as gargalhadas descomedidas. É onde podemos ser rosto com olheiras, roupa velha de usar em casa, onde podemos ser nós mesmos – daquele jeito que às vezes não conseguimos ser nem quando estamos sozinhos.

O ombro amigo é como uma praia de nudismo para a alma.
É o lugar onde tudo é de graça, nada é ensaiado, nada é cobrado. No ombro amigo, não se troca palavras sábias por sorrisos, um favor por outro, uma ajuda por compromissos. No ombro amigo às vezes as trocas não são iguais, não existe balança tentando equalizar o que foi dado e que o que foi recebido.

O ombro amigo é uma feira de trocas livre, às vezes trocamos um vestido velho por um vaso de porcelana chinês. No ombro amigo a gente dá o que pode e recebe o que o outro pode dar. Injusto assim, mas se os dois lados saem felizes e satisfeitos é isso que importa.

O ombro amigo não tem sempre mãos estendidas, olhares piedosos, sorrisos doces, mãos na cabeça, palavras de consolo. O ombro amigo às vezes nos deixa cair, nos vê ali no chão, feridos, pequenos, indefesos e apenas nos dá espaço e liberdade para que nós mesmos limpemos o sangue dos próprios joelhos, as lágrimas do rosto e levantemos sozinhos, com o coração cheio de novas brincadeiras.

O ombro amigo não nos fortalece, ele nos ensina a ser fortes.

O ombro amigo não é muleta, é espaço para voos e quedas.

O ombro amigo é onde podemos compartilhar nossas fraquezas, vergonhas, medos, não esperando receber conselhos sábios, mas rindo juntos do que nos faz feios e inseguros. O ombro amigo pode ser enorme e pode ser pequenininho, assim como nós. O ombro amigo não quer nos ensinar nada, não fala muito de verdades do mundo, é mais ouvido do que língua. É mais troca de experiências do que palpites e juízos. É mais coração do que cérebro.

O ombro amigo não compete, não exige, não cria obrigações, não espera formalidades, não espera fidelidade ou prioridade. O ombro amigo deixa ser. Ele nem sempre está por perto, às vezes não tem tempo, às vezes mora longe, às vezes precisa abrigar-se em outros ombros amigos, mas isso não importa, porque quando está presente ele sempre é aquele velho ombro amigo de sempre. Familiar, confortável e bom.

O ombro amigo é onde podemos descalçar os sapatos e enfim respirar aliviando o peito de tudo que temos que ser no mundo, mas não somos por dentro.

•

O AMOR NÃO MORRE QUANDO A PRESENÇA ACABA

'Dorme que passa',
dizia a amiga, dizia a mãe, dizia a revista, a mulher na televisão, o livro de autoajuda de cabeceira.

E os olhos inchados e não passava nada, nada daquela história passava, nada dele passava. Passavam sim os dias, passavam rios de lágrimas, passavam as falas das pessoas que já não aguentavam mais dizer que tudo passa, passavam mais noites mal dormidas e mais dias sem sentido e mais vontades repentinas rompidas por lembranças masoquistas. Passavam filmes, todos os filmes nossos passavam na minha cabeça, e se repetiam pelos dias em ininterruptas sessões, os dramas, as comédias, os 'água com açúcar', os épicos. E vinham doces amargar meus pensamentos.

'Dorme que passa'
Como passa se no sono é onde ele mais habita? Sonho com tempos bonitos, acordo cega pela cortante luz da realidade. Aqui ele não está mais. Dormir não faz passar nada, dormir faz tudo permanecer. Então eu não dormia para ver se passava. E nem assim passava, eu conversava comigo mesma, eu tentava diferentes técnicas, aprendi a cantar alto quando seu sorriso surgia na minha cabeça; eu entrei na yoga, no crossfit, na aula de mandarim.... Tudo para criar barulhos mentais que pichassem sua imagem, que ensurdecessem a eloquência do seu silêncio, que recolorissem as paredes do meu coração tatuadas com seu nome.

E não passava, porque eu não deixava, porque, quer saber?, eu não queria que passasse, a gente não tem que morrer na mesma hora que a outra pessoa. Não era só a presença de seu corpo que fazia nossa história. O amor não se alimenta apenas de contatos, beijos, falas, mãos dadas, cheiros (quase choro de novo ao lembrar o seu cheiro). O amor se alimenta de sonhos, de lembranças, de pensamentos. O amor é planta que sobrevive muito tempo depois de cortada as raízes, as fontes de alimentação.

'Dorme que passa'
Não passa, mas hoje eu durmo, porque dormindo eu o reencontro, em cada esquina de cada um dos meus sonhos. E eu já não desvio das esquinas, dos sonhos, da saudade, do amor.

Digo a mim mesma:
'Dorme e deixa o amor crescer, deixa o amor respirar, deixa o amor ser até onde ele conseguir. Deixa ele ser assim mesmo, triste, entre risos e lágrimas, mas deixa ele estar, sereno, até que se dilua nos dias, no meio de outras coisas boas que surgirem. Devagar, no seu compasso, ele fica um pouco, ele passa um pouco.'

•

A CARÊNCIA É O MAIOR ALUCINÓGENO QUE EXISTE

Você pode estar aí cheio de amor próprio, com uma vida bonitinha, com momentos de prazer no trabalho, com encontros divertidos com os amigos e viagens nos feriados.

Você pode estar aí de barriga cheia, cabelo bem cuidado, roupinha caindo bem num corpo não tão mal assim.

Você pode ter aprendido faz tempo como se dar bem consigo mesmo, como curtir muito, ficar na sua, sozinho, vendo um filme, lendo artigos na internet. Você pode ter desenvolvido um conhecimento profundo sobre o seu íntimo, entendido o que te faz feliz, o que te deixa irritado. Já sacar quais qualidades em outra pessoa se encaixam bem com as suas e saber o que você simplesmente não suporta.

Você pode ter a vida cheia de atividades e momentos de socialização. Você pode já ter se envolvido com muita gente e hoje em dia querer só o que chega pra fazer bem, pra trazer boa energia, nem que seja só por uma noite.

Você pode ser tudo isso, mas, meu amigo, quando bate aquela carência, você deve saber bem, aquela carência que mistura o hormonal – o sangue que borbulha naquele dia santo e diabólico do mês –, o emocional – aquela vontade quase infantil de abraçar algo que tenha pele e osso, menos pelo do que seu cachorro e mais vida do que seu travesseiro –, o sentimental – aquela vontade de que alguém chegue um pouco mais perto do seu coração, da sua vida e do seu corpo do que um grande amigo ou a sua mãe, aí então parece que tudo é motivo para criar uma dessas ilusões de ótica que fazem o nosso coração transformar uma abóbora numa carruagem.

Aí a gente vê declarações de amor num bom-dia, sente a química maior do mundo num beijo no rosto, a gente vê o amor das nossas vidas naquela pessoa que a gente ainda não conhece bem. A gente encontra uma pessoa que quase só tem qualidades, que fecha com nossos sonhos, que salva a nossa rotina tediosa.

Ah, como é boa essa droga! Pode ser paixão, encantamento, pode ser que depois de um tempo, algumas noites e encontros bem-sucedidos esse ser encantado vire um companheiro, um amor, um amigo. Mas é também muito provável que depois da primeira ou segunda transa, da terceira ou quarta conversa, da quinta ou sexta manhãs acordando juntos, o efeito alucinógeno da droga acabe e você esfregue os olhos e se pergunte: 'que que eu tô fazendo aqui?'

Mas, carentes ou não, somos humanos e vez ou outra precisamos mesmo de colo, de tato, de ouvido ou de nada disso, mas de uma boa ilusão que abra nossos corações, desestruture nossas verdades e nos faça enxergar um pouco mais outros canais de sentido.

Todas as janelas fechadas

Todas as janelas fechadas, não tem ar. Todas as janelas fechadas e escondidas por cortinas, o ar não se faz notar e talvez por isso pareça não me entrar da forma devida. Tonta do começo ao fim. Tantas coisas encaixotadas, guardadas, as plantas meio desanimadas. Um barulho de martelo oco de um prédio que sobe no terreno ao lado, o barulho de torneiras secas e águas enferrujadas correndo pelas paredes. Abafada chega a voz do vizinho pelos poros da porta, pelos microvãos das janelas fechadas. Não entra vida, não entrei viva, mas tenho que sair.

A engrenagem da casa continua, mais caixinhas dentro de caixinhas, a hora de abrir e fechar os olhos incontestável, o preto, o branco, o lixo separado e tudo o que não cabe ocupando o canto de um quarto bagunçado, ainda sem decoração, como eu. Como eu que entrei e quis fazer logo as malas, arrumei sacolas para doação, aliviada; como eu que acordei no meio da madrugada, no meio da piscina de bolinhas coloridas explodindo em pensamentos como novelos de lã infindáveis; eu que já não pego mais nas mãos esses nós, acordei no meio deles; dentro de mim, eu que já não estou mais aqui, voltei, como quem precisasse ver o que o tempo deu conta de fazer sozinho, se mudou as paisagens, ou como quem precisasse vir para ver que alguns corações guardam verdades mofadas, mas não se transformam, trancafiam-se em si mesmos; eu que precisei vir ver com meus próprios olhos para me convencer de que eu estava certa, que minha intuição, meu não, meu descaminho foi a única saída para que pelo menos uma dessas vidas recuperasse o ar. E aqui estou eu, dentro da casa, mas já não entro. Mas aqui estou eu e também as ruas, e essas sim sempre me afrouxaram o peito. Aqui estou pedalando num domingo, reencontrando as árvores que tanto foram o meu alento, olhando com surpresa os sentimentos inaugurais que já sentira, mas que havia perdido a coragem de lembrar. Aqui estou respirando as folhas, as flores, o ar quente da ponte, os olhares de uma gente branca, o parque aberto que me deu conforto. Aqui estou agradecendo o verde da cidade, a língua silenciosa dos troncos, reverenciando o que valeu viver. Aqui estou eu aprendendo a não tocar mais nas limpezas alheias, a não insistir em abrir janelas em mentes fechadas, a não me acostumar com o porão que me sobra, por mais que eu saiba sozinha apreciar os parques públicos, o que se dá de graça, por mais que eu saiba me extrair vida na morte, por mais que eu saiba brincar de amolecer personas terrivelmente sérias e encurraladas, por mais que eu saiba ironizar tudo e todos, estou eu aqui lembrando que é pouco. É pouco pra mim. Que borboletas e réguas por mais que façam aulas de idiomas não falam a mesma língua. Aqui eu não estou.

•

A EVOLUÇÃO DO AMOR É UM REGRESSAR

Me parece que evoluir no amor é um ato de regressar, é um ato de compreender que a natureza do amor é tão mais simples do que costumamos acreditar e vivenciar.

Me parece que, depois da curva do sofrimento mais profundo, surge a humildade de olhar para o amor como um passarinho e não como um deus. Nesse momento, começamos a ter a paz de sentir sem bordas. Deixamos de fiscalizar, medir, podar e punir. Simplesmente porque passamos a entender que todos esses poderes são falsas ilusões, e na verdade não temos controle nenhum sobre uma pessoa ou sobre um sentimento.

Me parece que o amor nobre chega quando aprendemos a despir-nos das defesas, dos títulos, dos medos e dos orgulhos. E temos a coragem de mostrar nossos olhos transbordando e nosso sorriso aumentando. Temos coragem de expressar a nossa dor e a nossa felicidade em essência, já não temos medos delas, porque compreendemos que ofuscá-las é o que causa a verdadeira dor.

E também não nos importamos com o papel que estamos fazendo, porque queremos a genuinidade do outro e a nossa mesma acima de tudo. E passamos a perder as armaduras e a sermos fracos e felizes, assim como as crianças.

Me parece que o amor nobre é uma receita simples, não precisa de muitos incrementos, precisa apenas dos ingredientes certos, de um pouco de cuidado, de sinceridade no olhar, de distração e de leveza. Que amor muito enfeitado e fantasiado pode entrar na graça de se tornar outra coisa para sempre.

Me parece que evoluir no amor é um ato de desmoralizá-lo. Porque o amor já vem com a gente, de nascença, e não precisamos de regras e mandamentos para dá-lo forma e sentido. Não precisamos ser obedientes e impor obediência, que amor nobre sabe os seus caminhos.

O amor evoluído dá mais valor ao brilho nos olhos do que aos contratos. Às mãos dadas do que às alianças. À delicadeza com que tratamos um coração do que à contagem do tempo que agregamos ao lado um do outro.

O amor nobre não entende as regras de 'não aceito isso', 'não perdoo', 'agora temos que dar esse passo', 'agora temos que ser assim', 'agora somos um do outro e devemos respeitar nossos donos'.

O amor nobre escolhe o porto seguro pela facilidade de pousar e voar. Pela boa companhia e pela vontade de crescer e brincar juntos.
Ou como disse Rubem Alves:
'Amar é ter um pássaro pousado no dedo. Quem tem um pássaro pousado no dedo sabe que, a qualquer momento, ele pode voar.'

(Des)votos

Você vai me desculpar, mas nesse Ano-Novo não lhe desejo muitas conquistas. Lhe desejo apenas o aprendizado diário da apreciação do caminho e que, mesmo que as conquistas sejam poucas, isso não importe muito, pois o caminho por si só já é um presente.

Além disso, não lhe desejo grandes realizações. Essas coisas grandes demais que para serem atingidas demandam uma ralação da pele, um engrossamento do couro, um esquecimento de si mesmo, uma robotização dos ritmos humanos. Lhe desejo apenas olhos atentos para ver as pequenas conquistas diárias: um sol que nasceu, um amigo que (re)apareceu, um bicho que lhe sorriu.

Também não desejo que todos os seus sonhos se realizem. Desejo sim que você não desaprenda a cultivar sonhos e não interdite a fábrica que os produz dentro de você. Desejo que você saiba que o sonho em si já é suficiente para inundar um coração. E que uma vida com muitas realizações e poucos sonhos não tem graça nenhuma.

Não desejo também para o seu Ano-Novo muita paz. Essa paz mansa, de quem consegue descansar a cabeça, ligar a televisão, se cercar de tudo que é fácil e próximo da mão e achar que o mundo está resolvido. Não lhe desejo essa paz que pode ser a morte em vida, que é uma redoma feita de medos lhe salvaguardando do mundo.

Também não lhe desejo amor. Esse amor que seca, que lhe faz sedento, que é uma busca de algo ou de alguém que lhe sacie, complete ou que lhe traga vantagens. Não desejo amor para quem ainda não sabe amar, desejo antes outras coisas.

Como, por exemplo, lhe desejo individualidade. Que você tenha ou crie tempos para se desenvolver como pessoa, para enriquecer a própria alma. Que você encare a busca do autoconhecimento, sozinho. Porque é a partir do conhecimento profundo de si mesmo que nasce a compreensão profunda do outro. E o mundo parece estar precisando tanto de pessoas que se compreendam.

E, por isso, também lhe desejo solidão. Porque essa é a nossa condição natural, somos antes de tudo um universo em si. Então desejo que você saiba enfeitar o seu próprio universo e tenha momentos de profundo prazer na companhia de si mesmo.

Desejo, finalmente, que você sinta muita paixão, que seu sangue borbulhe, seus sentidos agucem, sua temperatura suba. Mas desejo que você sinta essa paixão avassaladora não por pessoas, mas pela própria vida.

•

A PIZZA NOSSA DE CADA DIA

Pode parecer fácil perceber isso, mas nem sempre é: um relacionamento não vai bem quando faz desprender mais energia do que agregar, quando nos faz sentir mais esgotados do que renovados. Quando causa mais canseira do que ânimo, gera mais luta do que calmaria, precisa de esforço para manter a paz ao invés de fluir naturalmente.

A coisa já desandou faz tempo quando a gente se percebe pisando em ovos para não despertar o mau humor do outro, quando a gente se encantoa, fala menos, mente, evita certos assuntos, toma muito cuidado para não invadir espaços; quando a gente tem que se moldar ou esquecer de nós mesmos para evitar conflitos.

Acho que é um sinal de que algo precisa mudar quando a gente se vê fazendo malabarismo com as boas vibrações, quando a gente evita conversar sobre assuntos difíceis, quando a vida começa a parecer um jogo de palitos, e a gente tem que viver tendo cuidado para mover as peças e não fazer tudo estremecer.

É difícil ter clareza, e mais difícil ainda é perceber que se quer romper essa paz frágil, inventada. Mas, se a vida anda assim, talvez seja mesmo o momento de pisar e quebrar os ovos, tocar nos assuntos trabalhosos, enfrentar a canseira da alma para olhar a fundo uma história que a rotina parece querer te impedir de esmiuçar. E a preguiça e o comodismo parecem querer proteger.

É bom ter olhos para perceber que não está tudo bem quando depois de tanto desgaste, distância, individualidade, tudo termina em pizza e a pizza alivia aquela noite, mas não o resto da vida. É interessante ter coragem de se expressar, de impor limites, mesmo para a dor, mesmo para a solidão, mesmo para esses excessos de cuidados que já não tapam buracos. É bom parar e olhar, falar, começar a mudar.

Porque é por querer evitar um estresse maior que a gente o fatia e distribui pelos dias.

É por querer evitar que a bomba exploda de uma vez que a gente abre diariamente a válvula de escape, mas ela não se desmaterializa.

É por medo da ideia de solidão que a gente acaba vivendo o pior tipo delas: a solidão a dois.

É por excesso de proteção e compaixão pelo outro que a gente atrasa o seu desenvolvimento existencial.

É por falta de energia para enfrentar um drama e dar uma guinada que a gente acaba adoecendo a conta-gotas.

E é por evitar entrar na dança da vida de alma aberta que a gente acaba evitando a própria vida.

Porque o que ela quer da gente é coragem e abertura para sermos em plenitude a nossa melhor versão.

DE VOLTA AO POLO NORTE

De mim ele gostava da postura, do mistério, da sedução que acontecia despropositadamente; gostava dessa mulher altiva que tem um olhar elevado de tão distraído. Ele se apaixonou pela mulher difícil, quase inatingível, que mantinha distância e causava medo.

Quando eu percebi, bem que tentei contar para ele a verdade, mas ele não quis escutar. Agiu como um guerreiro, precisou fazer de tudo, conquistar meus mundos, destronar barreiras de gelo, percorrer os labirintos ultrassecretos dos meus sentimentos para então ver com os próprios olhos o que o faria se acovardar.

É que eu sou um tipo de mulher que assusta os homens, ou pela frieza ou pela intensidade. Eles não me entendem. E não entender é o maior magnetismo do mundo quando o encontro acontece. Eu sendo polo norte e ele sul, no final somos apenas nortes a nos repelir.

O não entender num primeiro momento atrai, e num segundo momento aterroriza. Quando sou fria ele me quer intensa. Quando sou intensa, ele reza para que eu esfrie.

Eu já sabia que seria assim, mas ele não. Ele não sabia que a mornidão não combina comigo.

É que sou apenas uma mulher que quando tira a roupa despe a alma. Sou uma menina travessa que gosta de brincar de arrancar máscaras e ri das quedas e dos desequilíbrios, e desvenda medos e desata posturas de grandes guerreiros.

Sou a mulher que espera dele o sorriso sincero, o olhar intenso e o silêncio. E só.
Desprezo todo o resto.

Mas, mesmo prevendo a iminente fuga, eu, seguindo o meu esperançoso roteiro, pergunto a ele:
"Vamos nos despir juntos?"

É aí, então, que ele apressadamente veste de volta a fantasia de homem sexy/inabalável/poderoso, sai apressado sem nem ter o cuidado de fechar minhas portas e volta à caça de bonequinhas que suspiram por falas engajadas, egos bem alimentados e carros importados.

E eu, mais uma vez, respiro fundo, e com meu olhar secular, meus pés descalços e o coração um pouco menos desnutrido pelas lembranças frescas guardadas, sigo sozinha pelo meu velho caminho rumo ao polo norte.

•

Sonhar, verbo intransitivo

Por termos que lidar com acontecimentos pungentes e imprevistos na nossa vida, por termos que engolir nossos erros e derrotas e esconder nossas fraquezas. Por termos que passar por lutos de pessoas ainda vivas e continuar encontrando os fantasmas sem poder, no entanto, tocá-los.

Por termos aprendido que ter é muito mais importante do que querer, que possuir nos faz mais ricos do que apenas almejar, que concretizar ideias e vontades é mais valioso do que o simples imaginar.

Por já não podermos, como era na infância, gargalhar descomedidamente por conta de uma simples brincadeira e chorar desconsoladamente por uma viagem interrompida. Por não podermos nos aceitar fracos, infantis, ingênuos...

Pelo mundo exigir da gente mais sensatez do que paixão; em algum momento, desenvolvemos a capacidade de controlar nossos sonhos antes que eles nos devorem ou deformem.

Em algum momento, desaprendemos a sonhar como verbo intransitivo. A sonhar como fim em sim mesmo.
Desaprendemos o ato de contemplar e começamos a fabricar metas, a visualizar alvos, a traçar passos realistas.

Em algum momento, aprendemos a gerenciar nossas emoções da mesma forma que gerenciamos nossos compromissos profissionais.

Agrupamos nossos sonhos na ala das metas a serem cumpridas, catalogamos os nossos sentimentos, acompanhamos atentamente nossas variações internas a fim de podar aquelas sensações que podem nos fazer parecer meio loucos, meio bobos, meio infantis.

Aprendemos a vetar os comportamentos inaceitáveis. Aprendemos a não nos permitir seguir impulsos, a não aceitar certas atitudes nas outras pessoas e a, quando nos depararmos com essas atitudes, sem pensar e sem dó, jogar no nosso lixo virtual e taxar como spam.

Afinal não podemos perder tempo com coisas incertas, erradas e que não trazem bons frutos imediatamente. Não podemos sujar nossos limpos e lineares caminhos com sentimentos confusos, pessoas inconstantes, acontecimentos avassaladores.

Não temos tempo para o sofrimento! Sim, porque sonhar sem realizar é puro sofrimento.

Por não aceitarmos que sonhos às vezes não se cumprem. Que promessas de momento às vezes servem apenas para adoçar as lembranças. Que paixões vivem além da presença do outro.

Aprendemos a criar o nosso próprio 'manual do não sofrimento'.
E assim nos protegemos, e assim não precisamos passar pelas mesmas dores duas vezes. Pois, seguindo esse manual, já sabemos, antes mesmo de olhar mais atentamente nos olhos do outro, onde não devemos pisar.

Pela comparação, já reconhecemos de cara o que pertence à lista das coisas inaceitáveis.

Aprendemos a assassinar a paixão. Aprendemos a culpar o outro por não se enquadrar nas nossas listas insanas. Aprendemos a culpar o tempo, a exigir muito de nós mesmos. Nos tornamos seres de mentes cheias e corações calados.

Aprendemos a organizar o que era de natureza caótica.
E assim nos poupamos. E assim ganhamos tempo nessa nossa vida tão curta. E assim nos tornamos cirurgiões plásticos de nossos sentimentos. E assim, ao lapidarmos os nossos próprios excessos e descompassos, muitas vezes jogamos no lixo a habilidade de sonhar acima de tudo e apesar de tudo.

●

Voltei! Vim aqui para testar esse meu novo eu nessa velha história

Voltei!

Aqui estou eu de novo: na sua casa, no seu entorno, na sua vida. Você que não me deixou ir e nem me pediu pra ficar. Você com quem eu construí uma história que se despedaçou tantas vezes até eu desistir de acreditar que juntando os nossos cacos surgiria alguma estrutura harmônica.

Então, eu recolhi os meus próprios cacos e parti. Mas agora eu voltei, e 'voltar' não é um verbo muito bom para descrever o que eu estou fazendo aqui. Porque eu não vim buscar uma parte minha que ficou para trás, eu não vim para reviver o que a gente foi, eu não vim por saudades dos nossos momentos – bem, na verdade, muitos deles eu não quero reviver nunca mais.

Meu querido, dos meus cacos existenciais eu não me reconstituí, eu não saí andando e me lamentando pelo que eu perdi, pelo que eu deixei de ser. Eu estou agora refeita sim, reconstruída, reeditada, atualizada na minha melhor e mais moderna versão. Eu me pesquisei, eu me observei, eu te escutei esse tempo todo não apenas com os ouvidos das emoções. Saí da minha própria pele e vi a história de fora, fora de mim, fora de nós, fora dos meus mitos, fora dos meus medos.

Da solidão encontrei minha força e meu amor próprio. Descobri do que eu gosto, o que eu quero, o que eu não quero. Aprendi a falar não, a dizer sim, a pedir, a dar opinião em voz alta, a discordar, a

VOLTEI! VIM AQUI PARA TESTAR ESSE MEU NOVO EU NESSA VELHA HISTÓRIA.

sair andando, a quebrar ciclos de sofrimentos. Aprendi a dar risada de mim mesma, da gente. Que suor danado essas andanças em mim, tantas peles troquei, tantos dias meditei, tantos corações encontrei. Aprendizado intensivo de vida.

E agora voltei. Você me pediu tanto e eu podia ser só orgulho e descrença e continuar no meu caminhar feminino. Mas eu resolvi parar aqui na sua porta, na sua casa, te fazer essa visita que não sei quanto tempo e espaço do meu coração vai durar. Eu voltei pra sentir que verdade vai surgir no nosso olhar.

Vim aqui não porque acredito que você mudou, que a gente vai resgatar um amor. Vim aqui pois eu resolvi testar esse meu novo eu nessa velha história.

Antes eu esperava que você adivinhasse os meus segredos, mas agora eu sou PhD em mim mesma. Antes eu esperava que você me amasse quando eu era dor, agora eu peço colo e cuidado e só fico se assim for. Antes eu esperava que você mudasse, me olhasse, parasse de ser egoísta, agora eu tenho as rédeas da minha própria vida. Antes eu estava sempre aqui pra você, agora eu estou por mim, para ver se eu caibo inteira, para ver se essa mulher madura tem lugar nesse seu pomar. Para ver se você me quer mesmo, essa minha inteireza, ou se queria o que eu era antes – frágil, apaixonada e manipulável.

Vai ser bom, muito bom esse reencontro, esse encontro novinho em folha dos nossos novos 'eus'. Que beleza vai ser se você amar o que eu sou agora (festa nas estrelas!). E que beleza também se você não se adaptar a mim – eu partirei, então, sem deixar passos, sem dúvidas, sem pensar no que a gente poderia ter sido e não foi.

E assim é. Então, abra a porta, estou aqui tocando a campainha do seu coração! Voltei!

•

Sumário

Que saudade eu estava de mim mesma! 08
Minha alma não tem CPF 10
Você já tomou chá de cuidado? 12
Amor mole em alma dura, tanto bate até que... fura 14
Confissões de uma bruxa 16
Não se leve tão a sério! Ironize-se 18
Quando você se fecha demais você se protege,
inclusive do que é bom! 20
Não posso ficar com quem não queira mergulhar 23
Almas hospedeiras se sustentam da essência alheia 25
Mulher lua 27
Enlouquecer de vez em quando pode salvar uma alma 29
Elegância – *a arte de não se fazer notar, aliada ao cuidado
sutil de se distinguir* 31
Minha casa e meu corpo são meus templos 33
Por que a gente se proibiu de tudo depois que nossos
mundos descoincidiram de andar juntos? 35
Amar deveria ser pomar em território de ninguém 39
Eu não quero abandonar tudo, eu quero abraçar o mundo! 41
Por um amor *Touch Skin* 44
A gente não pode ajudar, com as próprias mãos,
uma borboleta a sair do casulo 46

Gentileza é a gente deixar o outro ser de carne e osso 49

Sozinha, tranquila e de bem com a vida 52

Aos desastrados, com carinho! 54

Platônica 56

Tenho ciúmes dos nossos momentos 58

É melhor não ser feliz demais 61

Toma, o amor é seu 64

Como se faz uma lembrança? 66

A arte de cozinhar momentos para extrair o melhor da vida 69

No fundo, no fundo, a gente gosta mesmo de se apaixonar 71

Essa coisa de ser bom o suficiente mata a gente 72

Fica aí pensando, pensando enquanto eu vou ali viver 75

Sinto saudades do que a gente não viveu 78

Da vida quero o que é simples, mas de boa qualidade 80

Fazer amor não é um ato, é uma doação 82

Eu não quero nenhum homem comendo
na palma da minha mão 85

Tenho amigos de infância que conheci na vida adulta 88

Porque eu amo e já não quero interromper os ciclos 90

Ela anda pela vida sem narrador 92

Se for amar, não cobre nem espere recompensas. Voe! 94

Vibração e Descompasso

Se você quer viver sua verdade, apenas cuide-se e relaxe.
Confie! 97
A peteca caiu, o leite coalhou, o coração descompassou 99
Poesia me sustenta o voo num mundo de pés no chão 101
A solidão é o meu momento de recarrego 103
Eu gosto de te adivinhar 105
Não quero caber no sonho de ninguém,
quero apenas viver os desajustes do meu coração 108
É como querer engaiolar um pássaro depois
de ter nos apaixonado pelo que nele era voo 111
O amor não é lindo 114
Começo, meio e fim: quem foi que disse que a vida é assim? 117
A gente formou gangue 119
Quem nunca precisou, pelo menos uma vez na vida,
lavar a alma? 120
O ano que exigiu da gente coragem 123
Eu não quero ser a sua metade, porque eu quero
a multiplicidade de dois universos se encontrando 126
Bonito é ver um 'eu te amo' surgindo do nada 128
Com amor e gambiarra 130
Sou simpática, curiosa, livre e não (necessariamente)
estou te dando mole! 131

Sumário

Por um mundo com menos reclamação e mais gratidão 134
Diamantes em Marte 138
O universo conspira, é só aprender a escutar 141
Quando preciso me pego no colo 143
Bumerangue 146
Amar é catarse 148
A vida é muito curta para não parar e admirar as paisagens 151
Repare quão extraordinários são os defeitos! 153
Quero uma vida carinhosa 155
Ela é uma ave de rapina em terras de rinocerontes 157
Entre em tudo que fizer de corpo inteiro e de mente entregue 159
'Eu te amo' está mais rodado que nota de 2 reais 161
Não deixe para amanhã o que você pode SER hoje 163
Às vezes tudo o que a gente precisa é abandonar a causa 166
O coração é um velho colecionador 169
Você é meu *Réveillon* 172
Eu gosto de gente doida 174
Envelhecer é tornar-se múltiplo 176
O que cabe no ombro amigo 178
O amor não morre quando a presença acaba 180
A carência é o maior alucinógeno que existe 182
Todas as janelas fechadas 184

A evolução do amor é um regressar 186
(Des)votos 188
A pizza nossa de cada dia 190
De volta ao polo norte 192
Sonhar, verbo intransitivo 194
Voltei! Vim aqui para testar esse meu novo eu
nessa velha história 197

© 2017 Laranja Original Editora e Produtora Ltda.
Todos os direitos reservados.

www.laranjaoriginal.com.br

EDITORES
Filipe Moreau
Germana Zanettini
CAPA E PROJETO GRÁFICO
Tábata Gerbasi
FOTO CAPA
Nino Andres
PRODUÇÃO EXECUTIVA
Gabriel Mayor
FOTO DA AUTORA
Jonas Matyassy

Dados Internacionais de Catalogação na Publicação (CIP)
(Câmara Brasileira do Livro, SP, Brasil)

Baccarin, Clara
Vibração e descompasso / crônicas poéticas de Clara Baccarin
-- 1. ed. -- São Paulo: Laranja Original, 2017.

1. Crônicas brasileiras 2. Poesia brasileira
I. Título.

17-04975   CDD-869.8

Índices para catálogo sistemático:
1. Crônicas: Literatura brasileira   869.8
2. Poesia: Literatura brasileira   869.1

www.clarabaccarin.com
contato@clarabaccarin.com

fonte CORMORANT GARAMOND   papel PÓLEN BOLD 90g/m²   impressão FORMA CERTA